10分パスタ

PastaWorksたかし

KADOKAWA

JN032576

Instagram
人気パスタランキング

TOP 1

ツナマヨの
青のりクリーム

要するに、
みんな大好き

ツナマヨおにぎり風！

ボクのパスタは、

パスタをゆでるときに塩を使いません。

だから、味がぶれない。

味の要は、白だしとオリーブオイル。
どんなソースもこの2つの調味料が
ベースになっています。

「ツナマヨの青のりクリーム」も、
ただの和風ではありません。
10分パスタの真骨頂、
ぜひお試しください。

その他

ツナマヨの青のりクリーム

材料 1人分

スパゲッティ……80g
ツナ缶（オイル漬け）……1個（70g）
黒こしょう……適量
A ┃ 白だし……大さじ1
　┃ オリーブオイル……大さじ2
　┃ マヨネーズ……大さじ1
　┃ 青のり……大さじ1
　┃ 牛乳……150㎖

MEMO
Instagramにて460万人にご覧いただい
た超人気レシピです。青のりの香りが広
がる、濃厚な味わいがたまりません。

作り方

1 スパゲッティをゆでる

鍋に湯を沸かし、スパゲッティを袋の表記よ
り2分短くゆでる。

2 材料を合わせて煮る

フライパンに**1**とツナ（汁ごと）、**A**の材料をす
べて入れ、弱めの中火にかける。煮立ったら、
ときどき混ぜながら2〜3分ほど煮詰める（分
離が気になる場合は、よく混ぜながら2分ほどで煮詰
め終える）。

3 仕上げる

皿に盛り、黒こしょうをふる。

TOP 2

エビとねぎの
しょうゆクリーム

エビがプリッと、ねぎがトロトロ。

エビとねぎのしょうゆクリーム

材料　1人分

スパゲッティ —— 80g

むきエビ —— 6〜7尾

長ねぎの白い部分（一口大に切る）
—— ⅓本分

長ねぎの緑の部分（小口切り）
—— 適量

黒こしょう —— 適量

A ┌ 白だし —— 大さじ1
　　│ オリーブオイル —— 大さじ2
　　│ しょうゆ —— 大さじ1
　　└ 牛乳 —— 150㎖

作り方

1　スパゲッティをゆでる

鍋に湯を沸かし、スパゲッティを袋の表記より2分短くゆでる。

2　材料を合わせて煮る

フライパンに**1**とエビ、長ねぎの白い部分、**A**の材料をすべて入れ、弱めの中火にかける。煮立ったら、ときどき混ぜながら2〜3分ほど煮詰める。

3　仕上げる

皿に盛り、長ねぎの緑の部分を散らして黒こしょうをふる。

パスタを袋の表記より2分短くゆでたら
ほかの材料や調味料と一緒に煮込む。
それによってパスタをゆでる湯に
塩を加えなくてもしっかり味が入ります。

パスタをゆではじめるところから
完成まで、ほぼ10分。

ヘトヘトの仕事帰りにも、
ささっと済ませたいランチにも。
覚えておくと、
きっとこのレシピが助けになります。

MEMO ———
しょうゆとねぎの香りがクリームパスタに溶け出し、新感覚な味わいです。映えるメニューではないにもかかわらず、Instagramで440万人にご覧いただきました。味はお墨付き！

たいていのコトは、

塩昆布でどうにかなる。

TOP 3

生ハムと
アボカドの
塩昆布

白だし＆オリーブオイルをベースに
牛乳やケチャップ、粉チーズなどを組み合わせていけば
どんなソースのパスタも10分で作れます。

ここでは、生ハムとアボカドの洋風な味わいに
塩昆布の旨みでさらに深みを出しました。

好みの材料を使って無限にアレンジができるので
オリジナルの10分パスタも楽しんでください。

その他

生ハムとアボカドの塩昆布

材料 1人分

スパゲッティ──80g

生ハム──2～3枚

アボカド（角切り）──½個分

黒こしょう──適量

A │ 白だし──大さじ1
│ オリーブオイル──大さじ2
│ 塩昆布──1つまみ
│ ゆで汁──100㎖

MEMO

生ハムと塩昆布の旨みと塩気が、アボカドのクリーミーさと絶妙にマッチしています。Instagramにて214万人にご覧いただいた超人気レシピです。

作り方

1 スパゲッティをゆでる

鍋に湯を沸かし、スパゲッティを袋の表記より2分短くゆでる。

2 材料を合わせて煮る

フライパンに**1**と生ハム、アボカド、**A**の材料をすべて入れ、弱めの中火にかける。煮立ったら、ときどき混ぜながら2～3分ほど煮詰める。

3 仕上げる

皿に盛り、生ハムをのせて黒こしょうをふる。

はじめに

こんにちは。

初めましての方も多いと思います。PastaWorks たかしです。

Instagram にてパスタのレシピを 500 本ほど投稿しています。

ボクは、みなさまと同じように食べることが大好きです。

おいしいものが食べたい、でも極力手は抜きたい。

それゆえちょっとズル賢い、そして普通ではない

パスタの「黄金比率」を作ってしまいました。

「どんな食材も、おいしくパスタにできたらおもしろそう」

思えばボクの活動は、そんな気持ちからスタートしたものです。

作ってみて「これおいしい！　いい発見した」と思ったものを

シェアしているので、みなさまも同じ気持ちになって、

パスタをおいしく楽しく作る賛同者になってくれたら嬉しいです。

本書では、その時々のシーンや気持ちに合わせた

パスタのレシピを考え、まとめています。

「冷蔵庫にこんな食材あったな」

「休日は夫婦でこんなメニューを食べたいな」

「もう仕事でズタボロだけどおいしいもん食べたい」

そんな日々の状況に寄り添えるレシピたちです。

1 つでもいいです。お気に入りのレシピが見つかることを願っています。

PastaWorks たかし

CONTENTS

PART 1

おつかれパスタ

残業帰宅時間別レシピ

PART 2
平日パスタ

PART 3
休日パスタ

休日シチュエーション別レシピ

本書の使い方

- ●計量は大さじ1＝15㎖、小さじ1＝5㎖、1カップ＝200㎖のものを使っています。
- ●レシピのスパゲッティはすべて1.6㎜のスパゲッティを利用しています。
- ●バターは有塩バターを使用しています。
- ●フライパンによって熱の伝わり方が変わるため、レシピの煮る時間は目安とし、調理中の様子を観察しながら調整してください。
- ●レシピには野菜を洗う、皮をむくなどは基本的に表記していませんが下処理を行ってからお使いください。
- ●レシピにあるTOP1〜10のアイコンは、著者のInstagramの閲覧数などに基づいた人気ランキングです。

撮影協力
株式会社 アスプルンド
TIMELESS COMFORT
オンラインストア
https://timelesscomfort.com

SPECIAL THANKS
湯川邦隆、工藤恵利子、Trois the Luck

アートディレクション・デザイン
小橋太郎（Yep）

撮影
よねくらりょう

構成・取材
山本章子

校正
みね工房

編集
仲田恵理子

PROLOGUE
10分パスタの基本

白だしとオリーブオイルを使った10分パスタ。
今までのパスタの作り方は忘れ、
まずは基本をご確認ください。

PastaWorks たかしの
10分パスタとは？

IT WILL TAKE ONLY 10 MINUTES.

パスタをゆでてから 完成までほぼ10分

沸騰した湯にパスタを入れたところからカウントして、すべてのパスタがほぼ10分で完成します。ポイントはパスタのゆで時間を袋の表記より2分短くし、そのあと具材と一緒に煮込むこと。例えば表記が8分なら、パスタを6分ゆで、そのあと具材や調味料と一緒に2〜3分煮込み、器に盛りつけたらできあがり。

BELIEVE IT OR NOT !!

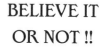

パスタをゆでるときに 塩は使いません

パスタをゆでるとき、湯の量に対して一定の量の塩を加えるのが一般的ですが、10分パスタのレシピでは使いません。そのため湯の量やそれに対する塩の量をはかる必要がなく、味もぶれにくいという特徴があります。パスタをゆでたあとに具材や調味料と一緒に煮込むので、麺にソースの風味がしっかりからみます。

NO SHIRO-DASHI, NO LIFE.

味のベースが整う 白だし必須

味の決め手は白だし。和風ベースのパスタだけでなくトマトベース、クリームベース、カルボナーラなどすべてのパスタに白だしを使っています。それによって短時間の調理でも深いコクが出てプロのような仕上がりに。邪道と思われるかもしれませんが、白だしとオリーブオイルの組み合わせがパスタの新境地を開きます。

THE ORIGINAL GOLDEN RATIO.

黄金比を覚えれば アレンジ無限！

白だしとオリーブオイルをベースに他の調味料を加えることで、どんなパスタにもアレンジできます。この本では、オイルベース、トマトベース、クリームベース、カルボナーラ、その他の、5つのソースの黄金比を紹介しています。ソースに好みの具材を組み合わせればメニューは無限。オリジナルレシピの考案も楽しんでください。

基本の材料

白だし

白だしは、昆布やかつお節のだしに薄口しょうゆやみりん、砂糖などを加えて作られた調味料。料理に深みを出してくれます。高濃縮ではないもので、果糖ぶどう糖液糖や添加物の入っていないものがおすすめ。ボクはチョーコー醤油の「京風仕立て白だし」を使っています。

パスタ

この本ではすべて1.6mmのスパゲッティを使用しています。メーカーは問いません。1人分は80gですが、100gまでは同じレシピで作れます。参考までに、ペットボトルの口いっぱいにスパゲッティを通した量が80g〜90g程度になります。太さや形状の異なるパスタを使うと煮込み時間が変わります。

オリーブオイル

オリーブオイルは、エキストラバージンがおすすめ。よく使うのはアルチェネロの「有機エキストラ・ヴァージン・オリーブオイル」です。1人前に大さじ2杯使いますが、パスタのゆで汁や牛乳と一緒に火にかけて煮込むので、オイルが乳化してサラッと軽いソースになります。

白だしがない！
そんなときは。

レシピ通りの味とはいきませんが、白だしはストレートのめんつゆ＋塩でも代用できます。めんつゆ50mℓに対して塩小さじ1を入れて軽く混ぜ、10分ほどおいて塩をとかします。これをレシピの白だしと同じ分量で使用します。
そこに鰹節パック（2g）を加えて5分ほど煮詰めてからこすとさらに和風テイストに。また、塩を小さじ1/2にし、塩昆布を小さじ1/2加えればまろやかな味わいになります。

＝ オイルベース

ゆで汁

白だしとオリーブオイルにパスタのゆで汁を加えれば、ペペロンチーノなどオイルベースのパスタが作れます。

＝ トマトベース

トマトケチャップ

＋トマトケチャップで日本人好みの少し甘めのトマトソースに。果糖ぶどう糖液糖や添加物不使用のものがおすすめ。

＝ クリームベース

牛乳

クリームベースは、ゆで汁を牛乳に代えて作ります。生クリームを使わないので軽くて飽きのこない仕上がり。

＝ カルボナーラ

牛乳、卵、粉チーズ

白だし、オリーブオイル＋牛乳、卵、粉チーズという身近な材料で、本格的なカルボナーラも作れます。

＝ その他

辛子明太子など

辛子明太子やコチュジャンなど塩気のある材料と白だしの組み合わせで和風から韓国風までどんなパスタもおいしく。

基本の道具

フライパン

食材を合わせて煮込むので、直径24cm程度の深さのあるフライパンがおすすめ。鍋を使わずフライパンでスパゲッティをゆで、湯をきって具材を煮込んで作ることも可能です。

鍋

スパゲッティをゆでるのに使います。ここでは口径20cmの片手鍋を使用していますが、パスタがしっかり浸る量の湯が入るサイズなら、どんな鍋でも構いません。

計量スプーン

調味料の計量には、大さじと小さじを使用。味のブレをなくすためにも、用意しておくことをおすすめします。金属製を選ぶと、色や香りがスプーンに残りにくく使いやすいです。

お玉

スパゲッティのゆで汁を鍋からフライパンに移すときや、盛りつけするときにあると便利です。目盛りのついたお玉を選ぶと、計量カップ代わりにもなります。

トング

ゆでたスパゲッティをフライパンに移すとき、器に盛りつけるときに調理用トングがあると調理がスムーズです。使いやすさは劣りますが、菜箸でも代用できます。

キッチンバサミ

キッチンバサミがあれば、包丁やまな板を使わずフライパンの上で肉や野菜を切ることができるので洗い物を減らせます。また、カット済みの肉や野菜を選ぶのも時短のコツ。

計量カップ

ゆで汁や牛乳など液体の材料をはかる計量カップ。熱湯のゆで汁を入れるので、これから用意するならハンドルのついた耐熱ガラス製を選ぶのがベター。

基本の作り方

ソース別黄金比①

オイルベース

基本のオイルベースは、1人分で白だし大さじ2、オリーブオイル大さじ2、パスタのゆで汁100㎖で作ります。オリーブオイルが白だしと同量入ることで、和風になりすぎないバランスのよいオイルベースになります。ここに、にんにくと赤唐辛子を合わせるとペペロンチーノに。シンプルながら奥深い味わいが楽しめます。

白だし
大さじ
2

15ml

オリーブオイル
大さじ
2

15ml

+

ゆで汁

100㎖

オイルベースにおすすめの具材

ツナやサバ、エビ、しらすといった魚介類は、素材からよくだしが出てソースの旨みが増します。鶏肉との相性も抜群。淡白な鶏肉に白だしの風味が加わって食べごたえもアップ。きのこだけ、野菜だけといったヘルシーなパスタでも、旨みが強いのでどんどん箸が進みます。

ツナのオイルパスタを

作ってみよう！

BASIC
01
ツナのオイルパスタ

| 材料 | 1人分 |

スパゲッティ ── 80g
ツナ缶（オイル漬け）── 1個（70g）
大葉（ちぎる）── 1～2枚分
白だし ── 大さじ2
オリーブオイル ── 大さじ2
ゆで汁 ── 100㎖

STEP 1 スパゲッティをゆでる

ここで使うもの

スパゲッティ……80g

1

鍋に湯を沸かす

鍋にたっぷり（ここでは2ℓ程度）の水を入れて湯を沸かす。塩を加えないため湯の量を正確にはかる必要はない。

2

スパゲッティを入れる

スパゲッティを入れてトングなどでやさしく混ぜながらゆでる。火加減は弱めの中火。

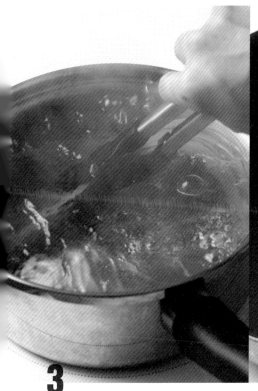

3

表記時間より2分短くゆでる

スパゲッティの袋の表記時間よりも2分短くゆでる。例えば、袋に8分と表記があったら6分ゆでる。

4

スパゲッティをフライパンへ

時間になったらトングなどで麺をフライパンへ移す。ゆで汁を100㎖とっておく。

STEP 2

材料を合わせて煮る

ここで使うもの

ツナ缶（オイル漬け）…… 1 個（70g）
白だし…… 大さじ 2
オリーブオイル…… 大さじ 2
ゆで汁…… 100㎖

1

フライパンに材料を入れる

パスタを入れたフライパンに白だし、オリーブオイル、ツナ（汁ごと）、ゆで汁を入れて弱めの中火にかける。2人分を一度に作る場合、水分が煮詰まりにくいためゆで汁を150㎖にし、塩気のある調味料を1.5倍、その他の材料を2倍にする。

2

煮立ったら2〜3分煮詰める

煮立ったら、ときどき混ぜながら2〜3分煮詰める。

STEP 3 仕上げる

ここで使うもの

大葉(ちぎる)……1〜2枚分

1

器に盛って仕上げの材料をのせる

トングを使ってスパゲッティを器に盛りつけ、大葉をのせる。

盛りつけにこだわるなら

1

スパゲッティをトングでつかみ、くるくる巻きながらお玉にのせる。

2

お玉をずらすように動かしてスパゲッティを皿に移す。何度か繰り返して高さを出す。

3

ソースをまわしかけ、大葉をのせて、完成！

ソース別黄金比②

トマトベース

トマトベースは白だし大さじ1、オリーブオイル大さじ2に加えてトマトケチャップ大さじ1が入ります。トマトケチャップを使っているため、少し甘めの日本人好みの味わいに。ケチャップを使わず、白だし大さじ1、オリーブオイル大さじ3とトマト缶200gで作るとより本格的なトマトソースになります（p80参照）。

白だし 大さじ **1** 15ml

＋

ゆで汁
100ml

オリーブオイル 大さじ **2** 15ml

トマトケチャップ 大さじ **1** 15ml

トマトベースにおすすめの具材

肉類全般との相性がいいトマトソース。とくにひき肉はからみがよく、合いびき肉などを合わせるとミートソース風のパスタになります。ゆで汁を牛乳に代えればトマトクリームベースに。よりリッチな風味が楽しめます。

BASIC

02

生ハムのトマトパスタ

材料	1人分

スパゲッティ──80g

生ハム──2〜3枚

A 白だし──大さじ1
オリーブオイル──大さじ2
トマトケチャップ──大さじ1
ゆで汁──100㎖

MEMO

ケチャップ味のシンプルなパスタです
が、白だしがきいて奥深い味わいに。生
ハムは製品によって塩気が異なるので、
お好みで量を調整してください。

作り方

1 スパゲッティをゆでる

鍋に湯を沸かし、スパゲッティを袋の表記よ
り2分短くゆでる。

2 材料を合わせて煮る

フライパンに**1**と、**A**の材料をすべて入れ、弱
めの中火にかける。煮立ったら、ときどき混
ぜながら2〜3分ほど煮詰める。

3 仕上げる

皿に盛り、生ハムをのせる。

ソース別黄金比③

クリームベース

オイルベースのゆで汁を牛乳に代えて、白だし大さじ2、オリーブオイル大さじ2、牛乳100㎖を合わせるとクリームベースになります。オリーブオイルと牛乳を乳化させて作るクリームなので、生クリームを使ったものより軽やかな味わい。牛乳を豆乳にすれば豆乳クリームにも。煮詰め具合を弱めてスープパスタにしてもおいしい。

白だし 大さじ **2** 15ml

+

オリーブオイル 大さじ **2** 15ml

牛乳 250ml 1cup 200 150 1/2cup 100 1/3 1/4cup 50 **100**㎖

クリームベースにおすすめの具材

ベーコンやサケ、ホタテ、エビ、きのこといった強い旨みをもつ具材を使うと、クリームに旨みが溶け込んでいい味が出ます。クリーミーなアボカド、ほうれん草や小松菜などの青菜との相性も間違いなし。バターを加えるとさらにコクが増します。

BASIC

03

きのこのクリームパスタ

材料 〈1人分〉

スパゲッティ —— 80g
しめじ（ほぐす）—— 50g
黒こしょう —— 適量
A | 白だし —— 大さじ2
　　| オリーブオイル —— 大さじ2
　　| 牛乳 —— 100㎖

MEMO

煮詰めすぎると牛乳が分離することがあります。気になる場合は、よく混ぜながら2分ほどで煮詰め終えてください。きのこは、しめじ以外に舞茸やエリンギなどお好みで。

作り方

1　スパゲッティをゆでる

鍋に湯を沸かし、スパゲッティを袋の表記より2分短くゆでる。

2　材料を合わせて煮る

フライパンに**1**としめじ、**A**の材料をすべて入れ、弱めの中火にかける。煮立ったら、ときどき混ぜながら2〜3分ほど煮詰める。

3　仕上げる

皿に盛り、黒こしょうをふる。

ソース別黄金比④

カルボナーラベース

白だし大さじ1、オリーブオイル大さじ2、牛乳をパスタと一緒に煮立たせたあと、火を止めて1分冷ましてから卵1個と粉チーズ大さじ2を加えます。これによって卵とチーズが固まってしまう失敗を防ぐことができます。チーズは削ったパルミジャーノ・レッジャーノにすればより本格的。黒こしょうをたっぷりかけてどうぞ。

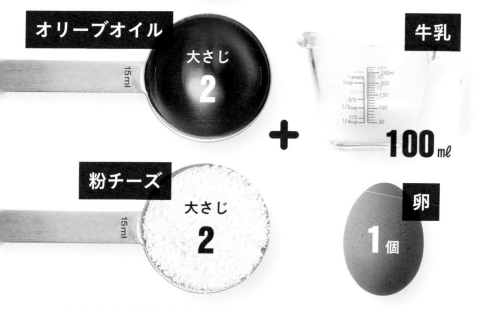

白だし 大さじ 1 15ml

オリーブオイル 大さじ 2 15ml

牛乳 100ml

粉チーズ 大さじ 2 15ml

卵 1個

カルボナーラにおすすめの具材

卵と粉チーズでコク増ししたカルボナーラには、ベーコンや生ハムを組み合わせてカルボナーラ本来のコッテリした風味を楽しむだけでなく、レモンでさわやかな酸味を加えるのもおすすめ。意外とキムチにも合います。

BASIC

04

カルボナーラ

| 材料 | 1人分 |

スパゲッティ----80g

ベーコン（食べやすい大きさに切る）
----50g

卵----1個

粉チーズ----大さじ2

黒こしょう----適量

A 白だし----大さじ1
オリーブオイル----大さじ2
牛乳----100㎖

MEMO

コツは1分冷ましてから卵と粉チーズを
加えること。熱で固まってしまうのを簡
単に防ぐことができます。

| 作り方 |

1 スパゲッティをゆでる

鍋に湯を沸かし、スパゲッティを袋の表記よ
り2分短くゆでる。

2 材料を合わせて煮る

フライパンに**1**とベーコン、**A**の材料をすべ
て入れ、弱めの中火にかける。煮立ったら、と
きどき混ぜながら2〜3分ほど煮詰める。

3 仕上げる

火を止めて1分ほど冷ましてから、卵と粉チ
ーズを加え、黄身をくずしながらよく混ぜる
ⓐ。このとき、ソースがさらさらしすぎてい
る場合は弱火で1分ほど加熱しながら混ぜ
る。皿に盛り、黒こしょうをふる。

ソース別黄金比⑤

その他

基本の白だし＋オリーブオイルに、塩気のある食材や調味料を加えることでさまざまにアレンジできます。ゆで汁を使えばオイルベース、牛乳を使えばクリームベースに。基本は白だしと塩気のある食材を1：1の割合で使いますが、食材の塩気の強さによって使用量を調整してください。みんな大好き明太子パスタもお手のもの。

白だし 大さじ 1 15ml

＋

オリーブオイル 大さじ 2 15ml

ゆで汁 OR 牛乳 100mℓ

塩気のある食材

辛子明太子

辛子明太子は1人分で½〜1腹使用。薄皮ははずさず、そのままフライパンに入れてほぐし混ぜます。

めんつゆ

めんつゆやしょうゆ、ポン酢しょうゆを大さじ1加えるとしらす干しやねぎがよく合う和風パスタに。

コチュジャン

コチュジャン大さじ1を加えると韓国風。牛乳を組み合わせたクリームベースにもぴったり。

塩昆布

塩気だけでなく濃厚な旨みを加えてくれる塩昆布は、ツナやホタテを加えたクリームベースと相性抜群。

BASIC

05

明太子クリームパスタ

材料	1人分

スパゲッティ……80g
辛子明太子……$\frac{1}{2}$〜1腹
刻みのり……適量
A │ 白だし……大さじ1
　　│ オリーブオイル……大さじ2
　　│ 牛乳……100mℓ

MEMO ———
明太子を後入れにしてプチプチ感を残しました。ゆで汁で作れば明太子パスタになります。明太子は大きさや塩気によって量を調節してください。

作り方

1　スパゲッティをゆでる

鍋に湯を沸かし、スパゲッティを袋の表記より2分短くゆでる。

2　材料を合わせて煮る

フライパンに**1**と、**A**の材料をすべて入れ、弱めの中火にかける。煮立ったら、ときどき混ぜながら2〜3分ほど煮詰める。

3　仕上げる

火を止めて1分ほど冷ましたら、明太子を加えてほぐし混ぜる**ⓐ**。皿に盛り、刻みのりをのせる。

PART 1
おつかれパスタ

ヘトヘト具合がマックスでも
少しのやる気さえ残っていれば
簡単に作れるレシピを揃えました。
キッチンバサミがあれば
包丁とまな板はいりません。
冷蔵庫にある食材だけでできるもの、
メインの材料1つでできるもの……
つかれた体に染みる21品をご紹介。

"カフェでも開けそう"と

うぬぼれる。◎

トマト

SO TIRED...

01

ツナのトマトクリーム

材料 1人分

スパゲッティ……80g
ツナ缶(オイル漬け)……1個(70g)
パセリ(乾燥)……2〜3ふり
A 白だし……大さじ1
オリーブオイル……大さじ2
トマトケチャップ……大さじ1
牛乳……100㎖

MEMO
プロセスや材料が手抜きに見えるわりに
仕上がりがおいしすぎるレシピです。

作り方

1 スパゲッティをゆでる

鍋に湯を沸かし、スパゲッティを袋の表記より2分短くゆでる。

2 材料を合わせて煮る

フライパンに**1**とツナ(汁ごと)、**A**の材料をすべて入れ、弱めの中火にかける。煮立ったら、ときどき混ぜながら2〜3分ほど煮詰める。

3 仕上げる

皿に盛り、パセリをふる。

SO TIRED...

02

鶏肉のねぎ塩風

材料　1人分

スパゲッティ ⸺ 80g
鶏もも肉（一口大に切る）⸺ 50g
長ねぎ（小口切り）⸺ 大さじ2〜3
黒こしょう ⸺ 適量
A ｜ 白だし ⸺ 大さじ2
　｜ オリーブオイル ⸺ 大さじ2
　｜ おろしにんにく（チューブ）⸺ 小さじ1
　｜ ゆで汁 ⸺ 100ml

作り方

1　スパゲッティをゆでる

鍋に湯を沸かし、スパゲッティを袋の表記より2分短くゆでる。

2　材料を合わせて煮る

フライパンに**1**と鶏もも肉、長ねぎ、**A**の材料をすべて入れ、弱めの中火にかける。ときどき混ぜながら、煮立ってから3〜4分ほど煮詰める。

3　仕上げる

皿に盛り、黒こしょうをふる。

MEMO ⸺
白だしのみで塩を使っていないため、Instagramでは「ねぎ塩の"塩"はどこですか」と聞かれたので"風"にしました。万人ウケするお味です。

ねぎ塩もパスタになります。

クリーム

SO TIRED...

03

エビのレモンクリーム

材料　1人分

スパゲッティ──80g
むきエビ──5〜6尾
パセリ（乾燥）──2〜3ふり
黒こしょう──適量
あればレモン（輪切り）──2切れ

A │ 白だし──大さじ2
　　│ オリーブオイル──大さじ2
　　│ レモン汁──小さじ1
　　│ 牛乳──100㎖

MEMO──
おつかれの中、レモンを買ってわざわざ
輪切りにしたあなた、えらいです。クエ
ン酸をチャージして、また日々を乗り切
りましょう。

作り方

1　スパゲッティをゆでる

鍋に湯を沸かし、スパゲッティを袋の表記よ
り2分短くゆでる。

2　材料を合わせて煮る

フライパンに**1**とむきエビ、**A**の材料をすべ
て入れ、弱めの中火にかける。煮立ったら、と
きどき混ぜながら2〜3分ほど煮詰める（分離
が気になる場合は、火を止めてからレモン汁を加えて
混ぜる）。

3　仕上げる

皿に盛り、パセリと黒こしょうをふる。あれば
レモンの輪切りをのせる。

レモンを輪切りにした方、

えらい！

トマト

SO TIRED...

04
ひき肉としめじのトマトソース

おつかれでも

本格パスタが。

材料	1人分

スパゲッティ――80g

合いびき肉――50g

しめじ(ほぐす)――100g

粉チーズ――大さじ1

黒こしょう――適量

A 白だし――大さじ1

オリーブオイル――大さじ2

トマトケチャップ――大さじ1

おろしにんにく (チューブ)――小さじ½

ゆで汁――100㎖

作り方

1 スパゲッティをゆでる

鍋に湯を沸かし、スパゲッティを袋の表記より2分短くゆでる。

2 材料を合わせて煮る

フライパンに**1**と合いびき肉、しめじ、**A**の材料をすべて入れ、弱めの中火にかける。煮立ったら、ときどき混ぜながら2〜3分ほど煮詰める。

3 仕上げる

皿に盛り、粉チーズと黒こしょうをふる。

MEMO――――

定番のトマトソースをケチャップで甘じょっぱく仕上げています。しめじはキッチンバサミで石づきを切ってほぐせば包丁＆まな板いらず。

その他

SO TIRED...

05

ちりめん山椒の青のりクリーム

材料 1人分

スパゲッティ──80g
ちりめん山椒──40g
青のり（仕上げ用）──小さじ1
黒こしょう──適量
A ┌ 白だし──大さじ1
  │ オリーブオイル──大さじ2
  │ 青のり──大さじ1
  └ 牛乳──100㎖

MEMO
山椒と青のりの香りがクリームに溶け出
し、やみつきに。新作レシピの中ではイ
チ推し。隠れた名作なので一度はお試し
いただけると幸いです。

作り方

1 スパゲッティをゆでる

鍋に湯を沸かし、スパゲッティを袋の表記よ
り2分短くゆでる。

2 材料を合わせて煮る

フライパンに**1**とちりめん山椒、**A**の材料をす
べて入れ、弱めの中火にかける。煮立ったら、
ときどき混ぜながら2〜3分ほど煮詰める。

3 仕上げる

皿に盛り、青のりと黒こしょうをふる。

映えないけど、元気は出ます®

その他

SO TIRED...

06

梅とめかぶの和風オイル

材料 1人分

スパゲッティ⋯80g

はちみつ梅干し（種をとる）
⋯1〜2粒

めかぶ⋯30〜40g

黒こしょう⋯適量

A ｜ 白だし⋯大さじ1
オリーブオイル⋯大さじ2
ゆで汁⋯100㎖

梅干しは、市販のはちみつ梅干しがおすすめ。塩分が低く、やさしい甘さがソースのポイントに。

作り方

1 スパゲッティをゆでる

鍋に湯を沸かし、スパゲッティを袋の表記より2分短くゆでる。

2 材料を合わせて煮る

フライパンに1と梅干し、めかぶ、Aの材料をすべて入れ、弱めの中火にかける。煮立ったら、ときどき混ぜながら梅干しをつぶし、2〜3分ほど煮詰める。

3 仕上げる

皿に盛り、黒こしょうをふる。

MEMO

つかれて帰ってきても、冷蔵庫から食材を出してさっと作れるのが高ポイント。梅とか、元気出ますしね。

トマト

SO TIRED...

07

コンビーフとほうれん草のトマトバター

材料 　1人分

スパゲッティ —— 80g

コンビーフ（缶詰）—— 80g

ほうれん草（根元を切る）—— 2株

黒こしょう —— 適量

A ｜ 白だし —— 大さじ1
　　｜ オリーブオイル —— 大さじ2
　　｜ トマトケチャップ —— 大さじ1
　　｜ バター —— 15g
　　｜ ゆで汁 —— 100㎖

MEMO ——

実はコンビニでも手に入りやすい、コンビーフ。僕が幼少期フィリピンに住んでいた頃にめちゃめちゃ食べていたのもあって思いついたレシピです。

作り方

1　スパゲッティをゆでる

鍋に湯を沸かし、スパゲッティを袋の表記より2分短くゆでる。

2　材料を合わせて煮る

フライパンに**1**とコンビーフ、ほうれん草、**A**の材料をすべて入れ、弱めの中火にかける。煮立ったら、ときどき混ぜながら2～3分ほど煮詰める。

3　仕上げる

皿に盛り、黒こしょうをふる。好みでバター（分量外）をのせる。

エスニックと和風の**いいとこどり。**

オイル

SO TIRED...

08

桜エビとししとうのオイルパスタ

材料　1人分

スパゲッティ──80g

桜エビ(乾燥)──15g

ししとうがらし──4本

黒こしょう──適量

A ┌ 白だし──大さじ2
　　│ オリーブオイル──大さじ2
　　│ おろしにんにく(チューブ)
　　│　──小さじ$\frac{1}{2}$
　　└ ゆで汁──100㎖

MEMO

ししとうの香りが溶け出したオイルソースが絶品です。パスタを入れず、ゆで汁を牛乳に代えてブレンダーでポタージュにしてもおいしい。

作り方

1　スパゲッティをゆでる

鍋に湯を沸かし、スパゲッティを袋の表記より2分短くゆでる。

2　材料を合わせて煮る

フライパンに**1**と桜エビ、ししとう、**A**の材料をすべて入れ、弱めの中火にかける。煮立ったら、ときどき混ぜながら2〜3分ほど煮詰める。

3　仕上げる

皿に盛り、黒こしょうをふる。

旨み強め、味濃いめ。

SO TIRED...

09

ホタテのガーリックバター

材料 1人分

スパゲッティ──80g
ベビーホタテ(ボイル)──5〜6個
青のり──1つまみ

A │ 白だし──大さじ2
 │ オリーブオイル──大さじ2
 │ おろしにんにく(チューブ)
 │ ──小さじ1/2
 │ バター──15g
 │ ゆで汁──100㎖

MEMO ──
ハッキリした味わいが大好きで、それを
前面に押し出したレシピです。食べる人
を選びますが、薄めにするとよさがなく
なってしまいます。

作り方

1 スパゲッティをゆでる

鍋に湯を沸かし、スパゲッティを袋の表記よ
り2分短くゆでる。

2 材料を合わせて煮る

フライパンに**1**とベビーホタテ、**A**の材料をす
べて入れ、弱めの中火にかける。煮立ったら、
ときどき混ぜながら2〜3分ほど煮詰める。

3 仕上げる

皿に盛り、青のりをふる。

雰囲気 たこやき。

その他

SO TIRED...

10

タコの和風バター

TOP
9

材料　1人分

スパゲッティ──80g

ゆでダコ（ぶつ切り／刺身用）──50g

かつお節──2つまみ

青のり──1つまみ

A 白だし──大さじ1

オリーブオイル──大さじ2

めんつゆ（ストレート）

──大さじ1

バター──15g

ゆで汁──100㎖

タコはゆでてぶつ切りにしてある、いわゆる"タコぶつ"がそのまま使えて便利。

作り方

1　スパゲッティをゆでる

鍋に湯を沸かし、スパゲッティを袋の表記より2分短くゆでる。

2　材料を合わせて煮る

フライパンに**1**とゆでダコ、**A**の材料をすべて入れ、弱めの中火にかける。煮立ったら、ときどき混ぜながら2～3分ほど煮詰める。

3　仕上げる

皿に盛り、かつお節と青のりをふる。

MEMO ──

Instagramで人気だった、かつお節おどる和風パスタ。マヨネーズで味変できます。

残業の日の帰宅時間に合わせて
ラクにおいしく作れるおつかれパスタを厳選。

アッサリなのに**満足感がすごい。**

🕐 **20:00**

スーパーに寄って帰ろう

その他

SO TIRED...

11

豚しゃぶと大葉の和風ポン酢

Recipe _ p.64

スーパーに寄って帰れた日は、薬膳からヒントを得た、
元気が出そうなレシピを。大葉は他の具材と一緒に煮
込んで香りをソースに移しています。

22:00

開いてるスーパーがまだあれば……

素材一品、くたくたでも作れる。◎

その他

SO TIRED...

12

くたくたブロッコリーのカチョエペペ

Recipe _ p.64

カチョエペペとは、チーズと黒こしょうをあえたシンプルなパスタ。時短でも本格派のパスタです。ブロッコリーは½株くらい入れてもおいしい。

00:00

ギリ終電間に合った！ コンビニへGO

だまされてみて 最高の深夜メシ。

トマト

SO TIRED...

13

ケチャビアータ

Recipe _ p.65

日本人好みの甘辛トマトソースに簡略化した、なんちゃってアラビアータです。コンビニで薄切りベーコンを買ってきて手でちぎれば洗い物も最小限。

01:00

家にあるもので小腹を満たすなら

塩分が欲しくなる**時間に。**◎

その他

SO TIRED...

14

ツナマヨ塩昆布

Recipe _ p.65

TOP
8

買い物に立ち寄る元気すら残っていないときは、ストック食材をフル活用。ツナと塩昆布、マヨネーズの王道の組み合わせでエネルギーをチャージ。

豚しゃぶと大葉の和風ポン酢

材料	1人分

スパゲッティ——80g
豚こま切れ肉——50g
大葉——5〜6枚
A | 白だし——大さじ1
　　| オリーブオイル——大さじ2
　　| ポン酢しょうゆ——大さじ1
　　| ゆで汁——100㎖

作り方

1　スパゲッティをゆでる

鍋に湯を沸かし、スパゲッティを袋の表記より2分短くゆでる。

2　材料を合わせて煮る

フライパンに**1**と豚こま切れ肉、大葉、**A**の材料をすべて入れ、弱めの中火にかける。煮立ったら、ときどき混ぜながら2〜3分ほど煮詰める。

くたくたブロッコリーの
カチョエペペ

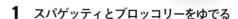

材料	1人分

スパゲッティ——80g
ブロッコリー——$\frac{1}{2}$株
粉チーズ——大さじ3
黒こしょう——小さじ$\frac{1}{2}$
A | 白だし——大さじ1
　　| オリーブオイル——大さじ2
　　| ゆで汁——100㎖

作り方

1　スパゲッティとブロッコリーをゆでる

鍋に湯を沸かし、スパゲッティとブロッコリーを袋の表記の2分短くゆでる**ⓐ**。

2　材料を合わせて煮る

フライパンに**1**と**A**の材料をすべて入れ、弱めの中火にかける。煮立ったらブロッコリーをくずし、ときどき混ぜながら2〜3分ほど煮詰める。

3　仕上げる

火を止めて1分ほど冷ましたら、粉チーズと黒こしょうを加える。

ブロッコリーは丸ごとゆでればバラバラになりにくい。

ケチャビアータ

材料 1人分

スパゲッティ——80g
ベーコン(薄切り／手でちぎる)
　——2枚
粉チーズ——大さじ1
A ｜ 白だし——大さじ1
　｜ オリーブオイル——大さじ2
　｜ トマトケチャップ——大さじ1
　｜ 一味唐辛子——小さじ1/2
　｜ おろしにんにく(チューブ)
　｜ 　——小さじ1
　｜ ゆで汁——100㎖

作り方

1 スパゲッティをゆでる

鍋に湯を沸かし、スパゲッティを袋の表記より2分短くゆでる。

2 材料を合わせて煮る

フライパンに**1**とベーコン、**A**の材料をすべて入れ、弱めの中火にかける。煮立ったら、ときどき混ぜながら2〜3分ほど煮詰める。

3 仕上げる

皿に盛り、粉チーズをふる。

ツナマヨ塩昆布

材料 1人分

スパゲッティ——80g
ツナ缶(オイル漬け)——1個(70g)
A ｜ 白だし——大さじ1
　｜ オリーブオイル——大さじ2
　｜ マヨネーズ——大さじ1
　｜ **塩昆布**——大さじ1
　｜ ゆで汁——100㎖

作り方

1 スパゲッティをゆでる

鍋に湯を沸かし、スパゲッティを袋の表記より2分短くゆでる。

2 材料を合わせて煮る

フライパンに**1**とツナ(汁ごと)、**A**の材料をすべて入れ、弱めの中火にかける。煮立ったら、ときどき混ぜながら2〜3分ほど煮詰める。

サラダ風パスタとして

お弁当にも！

トマト

SO TIRED...

15

ささみと大葉のトマトクリームチーズ

材料 1人分

スパゲッティ……80g

鶏ささみ(一口大)……2本分

大葉(ちぎる)……5〜6枚

A 白だし……大さじ1
オリーブオイル……大さじ2
トマトケチャップ……大さじ1
クリームチーズ……15g
牛乳……100㎖

MEMO

淡白なささみだからこそ、濃厚なトマトクリームチーズベースがマッチ。大葉で味が引き締まります。冷たくなってしまってもおいしい。

作り方

1 スパゲッティをゆでる

鍋に湯を沸かし、スパゲッティを袋の表記より2分短くゆでる。

2 材料を合わせて煮る

フライパンに**1**とささみ、大葉、**A**の材料をすべて入れ、弱めの中火にかける。煮立ったら、ときどき混ぜながら2〜3分ほど煮詰める。

鶏ささみはキッチンバサミで一口大にカット。火の通りをよくしたい場合は、小さめの一口大に切る。

その他

SO TIRED...
16
サケフレークと舞茸の和風

材料 | 1人分

スパゲッティ —— 80g
舞茸(ほぐす) —— $\frac{1}{2}$パック
サケフレーク —— 大さじ2
粉チーズ —— 大さじ1
A 白だし —— 大さじ1
　　オリーブオイル —— 大さじ2
　　めんつゆ(ストレート)
　　　—— 大さじ1
　　ゆで汁 —— 100㎖

MEMO ——
みなさま、サケフレークをごはんではなくパスタにのせる時代が来ました。『今日一日がんばったんじゃね?』そんな気分にさせてくれます。

作り方

1　スパゲッティをゆでる

鍋に湯を沸かし、スパゲッティを袋の表記より2分短くゆでる。

2　材料を合わせて煮る

フライパンに**1**と舞茸、**A**の材料をすべて入れ、弱めの中火にかける。煮立ったら、ときどき混ぜながら2〜3分ほど煮詰める。

3　仕上げる

皿に盛り、サケフレークをのせ粉チーズをふる。

いちばんラクに作れます。

オイル

SO TIRED...

17

納豆の和風バター

材料 1人分

スパゲッティ……80g
納豆(付属のタレとからしも使用)
　……1パック
青のり……1つまみ
黒こしょう……適量
A 白だし……大さじ2
　　バター……15g
　　オリーブオイル……大さじ2
　　ゆで汁……100㎖

MEMO

Instagramで統計をとりましたが、みんなの自宅の冷蔵庫にほぼほぼあったのが納豆でした。献立が思いつかないときにさっと作ってみてください。

作り方

1 スパゲッティをゆでる

鍋に湯を沸かし、スパゲッティを袋の表記より2分短くゆでる。

2 材料を合わせて煮る

フライパンに**1**と納豆(付属のタレとからしも)、**A**の材料をすべて入れ、弱めの中火にかける。ときどき混ぜながら、煮立ってから2～3分ほど煮詰める。

3 仕上げる

皿に盛り、青のりと黒こしょうをふる。好みでバター(分量外)をのせる。

SO TIRED...

18

しらすのしょうがクリーム

| 材料 | 1人分 |

スパゲッティ——80g

しらす干し——30 g

青ねぎ（小口切り）——大さじ2

A | 白だし——大さじ2
オリーブオイル——大さじ2
おろししょうが（チューブ）
——小さじ1
牛乳——100㎖

MEMO——
個人的には味がすごく好みで、"映えない小さな幸せ"を感じたいときに作ります。しょうがとしらすが合うんですよ、とても。

| 作り方 |

1 スパゲッティをゆでる

鍋に湯を沸かし、スパゲッティを袋の表記より2分短くゆでる。

2 材料を合わせて煮る

フライパンに**1**としらす干し、**A**の材料をすべて入れ、弱めの中火にかける。煮立ったら、ときどき混ぜながら2〜3分ほど煮詰める。

3 仕上げる

皿に盛り、青ねぎを散らす。

ほっ とする味わい。

中華炒め風！

オイル

SO TIRED...

19

豆苗とマッシュルームのペペロンチーノ

材料 | 1人分

スパゲッティ ―― 80g

マッシュルーム（つぶしてほぐす）
―― 4個分

豆苗（根元を切る）―― 1/2パック

A │ 白だし ―― 大さじ2
　　│ オリーブオイル ―― 大さじ2
　　│ おろしにんにく（チューブ）
　　│ 　　 ―― 小さじ1
　　│ 赤唐辛子（輪切り）―― 1本分
　　│ ゆで汁 ―― 100mℓ

MEMO ――
中華料理屋さんの豆苗炒めがおいしかったので作りました。本格派でクセになります。豆苗はキッチンバサミがあれば包丁いらず。

作り方

1　スパゲッティをゆでる

鍋に湯を沸かし、スパゲッティを袋の表記より2分短くゆでる。

2　材料を合わせて煮る

フライパンに**1**とマッシュルーム、豆苗、**A**の材料をすべて入れ、弱めの中火にかける。煮立ったら、ときどき混ぜながら2〜3分ほど煮詰める。

マッシュルームは手でつぶしてほぐしながら入れれば、ソースがよくからむ。

その他

SO TIRED...

20

筍とえのきのコチュジャンクリーム

材料　1人分

スパゲッティ —— 80g
筍の穂先（水煮）—— 3〜4切れ
えのき茸（根元を切る）—— $\frac{1}{2}$株
粉チーズ —— 大さじ1
黒こしょう —— 適量
A ┃ 白だし —— 大さじ1
　┃ オリーブオイル —— 大さじ2
　┃ コチュジャン —— 大さじ1
　┃ 牛乳 —— 100㎖

MEMO ——
韓国風で食物繊維たっぷり、肉や魚介も不使用でヘルシーですが、満足度はめちゃ高い。白だしに使われる魚介がOKなベジタリアンの方もぜひ。

作り方

1　スパゲッティをゆでる

鍋に湯を沸かし、スパゲッティを袋の表記より2分短くゆでる。

2　材料を合わせて煮る

フライパンに**1**と筍の穂先、えのき茸、**A**の材料をすべて入れ、弱めの中火にかける。煮立ったら、ときどき混ぜながら2〜3分ほど煮詰める。

3　仕上げる

皿に盛り、粉チーズと黒こしょうをふる。

老若男女に

ご好評◎

その他

SO TIRED...

21

生ハムのコーンクリーム

材料　1人分

スパゲッティ—80g
生ハム—2〜3枚
コーンポタージュ(粉末)—20g
パセリ(乾燥)—2〜3ふり

A 白だし—大さじ1
オリーブオイル—大さじ2
バター—15g
牛乳—100㎖

粉末のコーンポタージュと牛乳を使って手軽にコーンクリームソースが作れる。

作り方

1 スパゲッティをゆでる

鍋に湯を沸かし、スパゲッティを袋の表記より2分短くゆでる。

2 材料を合わせて煮る

フライパンに**1**とコーンポタージュ、**A**の材料をすべて入れ、弱めの中火にかける。煮立ったら、ときどき混ぜながら2〜3分ほど煮詰める。

3 仕上げる

皿に盛り、生ハムをのせてパセリをふる。

MEMO

コーンの甘みを感じるクリームパスタ。お子さんが食べるときには生ハムの代わりにウィンナーやベーコンを使うといいかも。

PART 2
平日パスタ

仕事帰りに外食やお惣菜を買って
済ませてしまいがちな平日の夕食。
そこをぐっとこらえて家に帰ったら、
おいしくラクに自炊ができる
平日向けの10分パスタを紹介します。
時間もお金も節約できて
明日へのモチベーションもアップ。
そんな優秀レシピで
ストレスを発散しましょう。

たまらん、
組み合わせ。

01

しらすとズッキーニの和風バター

材料 1人分

スパゲッティ……80g

しらす干し……30g

ズッキーニ（1cm幅の半月切り）

……1/3本分

黒こしょう……適量

A　白だし……大さじ1

　　オリーブオイル……大さじ2

　　めんつゆ（ストレート）

　　　……大さじ1

　　バター……15g

　　ゆで汁……100㎖

ズッキーニは縦半分
に切ってから1cm幅
に切る。

作り方

1　スパゲッティをゆでる

鍋に湯を沸かし、スパゲッティを袋の表記より2分短くゆでる。

2　材料を合わせて煮る

フライパンに**1**としらす干し、ズッキーニ、**A**の材料をすべて入れ、弱めの中火にかける。煮立ったら、ときどき混ぜながら2〜3分ほど煮詰める。

3　仕上げる

皿に盛り、黒こしょうをふる。好みでバター（分量外）をのせてもおいしい。

MEMO────

しらすとバターの組み合わせが大好きで作ったレシピです。ズッキーニの甘みが相まって箸が止まらなくなります。おすすめ度は★5つ！

02

エビとモッツァレラのトマトソース

材料 1人分

スパゲッティ……80g

むきエビ……6〜7尾

モッツァレラチーズ（4等分に切る）
……½個分

バジルの葉……1〜2枚

黒こしょう……適量

A | 白だし……大さじ1
オリーブオイル……大さじ3
ゆで汁……50㎖
カットトマト缶……200g

トマト缶を使うと本格的なトマトソースに仕上がる。つぶす手間のないカットトマトがおすすめ。

作り方

1 スパゲッティをゆでる

鍋に湯を沸かし、スパゲッティを袋の表記より2分短くゆでる。

2 材料を合わせて煮る

フライパンに**1**とむきエビ、モッツァレラチーズ、**A**の材料をすべて入れ、弱めの中火にかける。煮立ったら、ときどき混ぜながら2〜3分ほど煮詰める。

3 仕上げる

皿に盛り、バジルをのせ、黒こしょうをふる。

MEMO ——

テッパンの組み合わせ。エビを生ハムに代えてもおいしいです。

誰かにシェアしたくなる

クオリティ。

文句なし

全員トリコ◎

クリーム

WEEKDAYS

03

エビとアボカドのクリーム

材料 1人分

スパゲッティ……80g

むきエビ……5〜6尾

アボカド（1.5㎝角に切る）……1/2個分

パセリ（乾燥）……2〜3ふり

A │ 白だし……大さじ2
   │ オリーブオイル……大さじ2
   │ 牛乳……100㎖

MEMO ——

Instagram でも大人気。誰かにごはんを作ってと言われたとき、これを出せば絶対喜ばれるメニューです。

作り方

1　スパゲッティをゆでる

鍋に湯を沸かし、スパゲッティを袋の表記より2分短くゆでる。

2　材料を合わせて煮る

フライパンに**1**とむきエビ、アボカド、**A**の材料をすべて入れ、弱めの中火にかける。煮立ったら、ときどき混ぜながら2〜3分ほど煮詰める。

3　仕上げる

皿に盛り、パセリをふる。

時短でレストランの味。

トマト

WEEKDAYS

04

豚肉とオリーブのトマトパスタ

材料　1人分

スパゲッティ―― 80g
豚こま切れ肉―― 50g
ブラックオリーブ
　（種なし／半分に切る）―― 4個分
バジル―― 2～3枚
粉チーズ―― 大さじ1
A　白だし―― 大さじ1
　　オリーブオイル―― 大さじ2
　　トマトケチャップ―― 大さじ1
　　おろしにんにく（チューブ）
　　　―― 小さじ½
　　ゆで汁―― 100mℓ

作り方

1　スパゲッティをゆでる

鍋に湯を沸かし、スパゲッティを袋の表記より2分短くゆでる。

2　材料を合わせて煮る

フライパンに1と豚こま切れ肉、ブラックオリーブ、**A**の材料をすべて入れ、弱めの中火にかける。煮立ったら、ときどき混ぜながら2～3分ほど煮詰める。

3　仕上げる

皿に盛り、バジルをのせて粉チーズをふる。

MEMO
本格派に寄せたなんちゃってイタリアンです。お酒と合わせたくなる一品なのでゆとりのある平日にお試しください。

トマト

WEEKDAYS

05

水晶鶏の梅しょうがトマト

鶏むね肉に片栗粉をまぶしているところ。余分な粉ははたいてから使う。

ちょっとのひと手間で

鶏肉がプリプリに。

| 材料 | 1人分 |

スパゲッティ ― 80g

鶏むね肉(小さめの一口大に切って片栗粉大さじ2、塩2つまみをまぶす)― 50g

はちみつ梅干し(種をとる)― 2個分

小ねぎ(小口切り)― 大さじ1

A 白だし ― 大さじ1
オリーブオイル ― 大さじ2
トマトケチャップ ― 大さじ1
おろししょうが(チューブ)― 小さじ1
ゆで汁 ― 100ml

| 作り方 |

1 スパゲッティと鶏むね肉をゆでる

鍋に湯を沸かし、スパゲッティを袋の表記より2分短くゆでる。鶏むね肉も一緒に入れ、2分ゆでたら取り出す。

2 材料を合わせて煮る

フライパンに1と梅干し、**A**の材料をすべて入れ、弱めの中火にかける。煮立ったら、ときどき混ぜながら梅干しをつぶし、2〜3分ほど煮詰める。

3 仕上げる

皿に盛り、小ねぎをふる。

MEMO ―
片栗粉をまぶすひと手間で鶏肉がプリプリ食感に。そこに、和風トマトソースがからんで、もう絶品！

酸味が**新感覚！**

マグロとピーマンの和風ポン酢

材料 | 1人分

スパゲッティ── 80g

ピーマン（輪切り）── 1個分

マグロ（刺身用切り落とし／
　塩1つまみをふる）── 50g

かつお節── 適量

A | 白だし── 大さじ1
　　　オリーブオイル── 大さじ2
　　　ポン酢しょうゆ── 大さじ1
　　　砂糖── 小さじ½
　　　ゆで汁── 100㎖

MEMO

マグロが主役かと思いきや、実はピーマンがメインのパスタ。懐石料理で食べたピーマンと漬けマグロの土佐酢あえから思いついたレシピです。

作り方

1 スパゲッティをゆでる

鍋に湯を沸かし、スパゲッティを袋の表記より2分短くゆでる。

2 材料を合わせて煮る

フライパンに**1**とピーマン、**A**の材料をすべて入れ、弱めの中火にかける。煮立ったら、ときどき混ぜながら2〜3分ほど煮詰める。

3 仕上げる

皿に盛り、マグロとかつお節をのせる。

満足度 MAX ◎

カルボナーラ

WEEKDAYS

07

豚キムチとチーズのカルボナーラ

材料 1人分

スパゲッティ――80g

豚こま切れ肉――50g

白菜キムチ――40g

卵――1個

シュレッドチーズ――大さじ2

粉チーズ――大さじ1

パセリ（乾燥）――2〜3ふり

A 白だし――大さじ1
オリーブオイル――大さじ2
牛乳――150㎖

MEMO ―――
最上級のがっつりパスタ。日頃のストレスをおいしく発散しましょう！

作り方

1 スパゲッティをゆでる

鍋に湯を沸かし、スパゲッティを袋の表記より2分短くゆでる。

2 材料を合わせて煮る

フライパンに1と豚こま切れ肉、キムチ、Aの材料をすべて入れ、弱めの中火にかける。煮立ったら、ときどき混ぜながら2〜3分ほど煮詰める。

3 仕上げる

火を止めて1分ほど冷ましてから卵とシュレッドチーズを加え、黄身をくずしながらよく混ぜる。皿に盛り、粉チーズとパセリをふる。

WEEKDAYS
08
サーモンのクリームチーズ和風

材料 | 1人分

スパゲッティ──80g
サーモン(刺身用／塩1つまみをふる)──3〜4切れ
クリームチーズ──15g
A 白だし──大さじ1
オリーブオイル──大さじ2
めんつゆ(ストレート)──大さじ1
かつお節──1つまみ
ゆで汁──100㎖

作り方

1 スパゲッティをゆでる
鍋に湯を沸かし、スパゲッティを袋の表記より2分短く
ゆでる。

2 材料を合わせて煮る
フライパンに**1**とクリームチーズ、**A**の材料をすべて入
れ、弱めの中火にかける。煮立ったら、ときどき混ぜなが
ら2〜3分ほど煮詰める。

3 仕上げる
皿に盛り、サーモンと好みでクリームチーズ(分量外)をの
せる。

MEMO
和風ベースにクリームチーズの濃い味わいがベストマッチ。手に入
りやすい食材となじみのある味で何度も作りたくなります。

濃厚なのに いくらでも食べられる。

平日パスタコーデレシピ

忙しい平日をのりきるコーデレシピ。
パスタに飽きたらごはんに代えてリゾットでも！

家に常備の材料

☐ スパゲッティ
☐ 白だし
☐ オリーブオイル
☐ トマトケチャップ
☐ 粉チーズ
☐ 黒こしょう
☐ 赤唐辛子
☐ パセリ（乾燥）
☐ めんつゆ

買い物リスト

☐ サバ（半身）1枚
☐ 鶏もも肉 100g
☐ ベーコン（厚切り）100g
☐ しめじ 100g
☐ エリンギ 1個
☐ アボカド 1個
☐ レモン 1個
☐ おろしにんにく（チューブ）
☐ ゆずこしょう（チューブ）
☐ 牛乳 100㎖

RECEIPT

supermarket
TAKASHI
パスタ駅前店

■■■■■ 領収証 ■■■■■
2023年11月11日(バ)11:11 レジ'1111

```
＊若どり皮無もも角切       ¥211
＊米久　厚切りベーコン      ¥298
＊ごまさば2枚おろし        ¥298
シール割引        10％      -30
＊ブナシメジ大J           ¥138
＊雪国えりんぎMパック       ¥99
＊アボカド　PLU           ¥198
＊レモン1玉               ¥158
＊特選生にんにく42ｇ       ¥158
＊本きざみ柚子こしょう      ¥198
＊明治おいしい牛乳450      ¥165
小計                    ¥1,891
（外8％ 対象     ¥1,891)
外8％                   ¥151
合計                   ¥2,042
支払合計        ¥2,042
8%税込額               ¥2,042
（うち8%税額額           ¥151)
お買上点数      10点
```

月曜日
サバの
ペペロンチーノ

≫

火曜日
鶏肉とアボカドの
レモンクリーム

≫

水曜日
アボカド＆ベーコン

≫

木曜日
鶏とエリンギの
ガーリックトマト

≫≫

金曜日
きのことベーコンの
ゆずこしょう和風

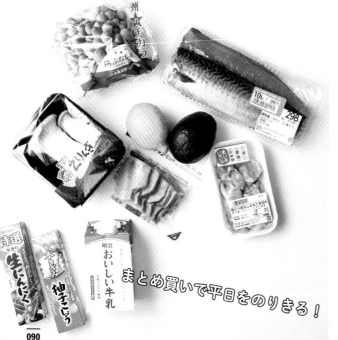

まとめ買いで平日をのりきる！

Mon.

今週もがんばろう！

サバだから、こんなにおいしい。

09

サバのペペロンチーノ

材料　1人分

スパゲッティ ─── 80g

生サバ(半身) ─── 1枚

＊塩サバで代用可

黒こしょう ─── 適量

A │ 白だし ─── 大さじ2
　　│ オリーブオイル ─── 大さじ2
　　│ おろしにんにく (チューブ)
　　│ 　── 小さじ1/2
　　│ 赤唐辛子 (輪切り) ─── 1本分
　　│ ゆで汁 ─── 100㎖

作り方

1　スパゲッティをゆでる

鍋に湯を沸かし、スパゲッティを袋の表記より2分短くゆでる。

2　材料を合わせて煮る

フライパンに**1**とサバ、**A**の材料をすべて入れ、弱めの中火にかける。煮立ってから1分ほどしたらサバをくずしながら混ぜ、さらに1〜2分ほど煮詰める。

3　仕上げる

皿に盛り、黒こしょうをふる。

サバは2枚おろしにした半身、または塩サバを使う。サイズによって半分か1/3にカット。

Tue.

おつかれでも大丈夫。

クリーム

WEEKDAYS

10

鶏肉とアボカドのレモンクリーム

材料 | 1人分

スパゲッティ──80g

鶏もも肉(小さめの一口大に切る)
──50g

アボカド(2㎝角に切る)──½個分

あればレモン(くし切り)──⅛個分

A | 白だし──大さじ2
オリーブオイル──大さじ2
レモン汁──½個分
牛乳──100㎖

作り方

1 スパゲッティをゆでる

鍋に湯を沸かし、スパゲッティを袋の表記より2分短くゆでる。

2 材料を合わせて煮る

フライパンに**1**と鶏もも肉、アボカド、**A**の材料をすべて入れ、弱めの中火にかける。煮立ったら、ときどき混ぜながら2〜3分ほど煮詰める(分離が気になる場合は、火を止めてからレモン汁を加えて混ぜる)。

3 仕上げる

皿に盛り、あればレモンをしぼる。

Wed.

まだまだ週半ば。

TOP
4

しょうゆをたらして味変も可。

オイル

WEEKDAYS

11

アボカド＆ベーコン

材料 1人分

スパゲッティ──80g

ベーコン（食べやすい大きさに切る）
──50g

アボカド（2cm角に切る）── ½ 個分

黒こしょう──適量

A ┃ 白だし──大さじ2
┃ オリーブオイル──大さじ2
┃ ゆで汁──100㎖

作り方

1 スパゲッティをゆでる

鍋に湯を沸かし、スパゲッティを袋の表記より2分短くゆでる。

2 材料を合わせて煮る

フライパンに**1**とベーコン、アボカド、**A**の材料をすべて入れ、弱めの中火にかける。ときどき混ぜながら煮立ってから2～3分ほど煮詰める。

3 仕上げる

皿に盛り、黒こしょうをふる。

ガッガッいける
わんぱくパスタ。◎

Thu.

おつかれピーク？

トマト

WEEKDAYS

12

鶏とエリンギのガーリックトマト

材料 1人分

スパゲッティ⸺80g

鶏もも肉(小さめの一口大に切る)
⸺50g

エリンギ(一口大に切る)⸺1個分

粉チーズ⸺大さじ1

パセリ(乾燥)⸺適量

黒こしょう⸺適量

A ┃ 白だし⸺大さじ1
┃ オリーブオイル⸺大さじ2
┃ トマトケチャップ⸺大さじ1
┃ おろしにんにく(チューブ)
┃ ⸺小さじ½
┃ ゆで汁⸺100㎖

作り方

1 スパゲッティをゆでる

鍋に湯を沸かし、スパゲッティを袋の表記より2分短くゆでる。

2 材料を合わせて煮る

フライパンに**1**と鶏もも肉、エリンギ、**A**の材料をすべて入れ、弱めの中火にかける。ときどき混ぜながら煮立ってから2〜3分ほど煮詰める。

3 仕上げる

皿に盛り、粉チーズとパセリ、黒こしょうをふる。

Fri.

グッジョブ！

爽やかでスパイシーなパスタで

マンネリ防止。

その他
WEEKDAYS

13
きのことベーコンのゆずこしょう和風

| 材料 | 1人分 |

スパゲッティ──80g

ベーコン（食べやすい大きさに切る）
　　──50g

しめじ（ほぐす）──100g

黒こしょう──適量

A ┃ 白だし──大さじ1
　　┃ オリーブオイル──大さじ2
　　┃ めんつゆ（ストレート）
　　┃ 　　──大さじ1
　　┃ ゆずこしょう（チューブ）
　　┃ 　　──小さじ½
　　┃ ゆで汁──100㎖

| 作り方 |

1　スパゲッティをゆでる

鍋に湯を沸かし、スパゲッティを袋の表記より2分短くゆでる。

2　材料を合わせて煮る

フライパンに**1**とベーコン、しめじ、**A**の材料をすべて入れ、弱めの中火にかける。煮立ったら、ときどき混ぜながら2〜3分ほど煮詰める。

3　仕上げる

皿に盛り、黒こしょうをふる。お好みでゆずこしょう（分量外）を添える。

大人ほろ苦い 季節のパスタ。

TOP
10

その他

WEEKDAYS

14

ホタルイカと菜の花の
和風クリーム

材料　1人分

スパゲッティ……80g
ホタルイカ（ボイル／目をとる）
　……8〜10個
菜の花（食べやすい大きさに切る）
　……2本分
黒こしょう……適量
A ｜ 白だし……大さじ1
　｜ オリーブオイル……大さじ2
　｜ めんつゆ（ストレート）
　｜　……大さじ1
　｜ かつお節……1つかみ
　｜ 牛乳……100ml

作り方

1 スパゲッティをゆでる

鍋に湯を沸かし、スパゲッティを袋の表記より2分短くゆでる。

2 材料を合わせて煮る

フライパンに**1**とホタルイカ、菜の花、**A**の材料をすべて入れ、弱めの中火にかける。煮立ったら、ときどき混ぜながら2〜3分ほど煮詰める。

3 仕上げる

皿に盛り、黒こしょうをふる。

MEMO

**春先、季節を感じたいときにおすすめのレシピです。
ホタルイカとクリームの相性は抜群です。**

ホタルイカには白い
球状の目がついてい
るので取り除く。

15

納豆とめかぶ、オクラのペペロンチーノ

材料　1人分

スパゲッティ……80g

納豆(付属のタレとからしも使用)

　……1パック

めかぶ……1パック

オクラ……3〜4本

A │ 白だし……大さじ2

　│ オリーブオイル……大さじ2

　│ おろしにんにく(チューブ)

　│ 　……小さじ1

　│ 七味唐辛子……小さじ½

　│ ゆで汁……100mℓ

作り方

1　スパゲッティとオクラをゆでる

鍋に湯を沸かし、スパゲッティを袋の表記より2分短くゆでる。オクラも一緒に入れ**ⓐ**、2分ゆでたら取り出す。粗熱をとってからへたをとり一口大に切る。

2　材料を合わせて煮る

フライパンに**1**と納豆(付属のタレも)、めかぶ、**A**の材料をすべて入れ、弱めの中火にかける。煮立ったら、ときどき混ぜながら2〜3分ほど煮詰める。

3　仕上げる

皿に盛り、お好みで七味唐辛子(分量外)をふる。好みで納豆に付属のからしをのせる。

3種のネバネバを使ったペペロンチーノです。オクラは下ゆでしてやわらかくするのがおすすめ。

ネバネバ好きさんへ 朗報です。

ちゃんちゃん焼き アレンジ。

16

サケとキャベツの味噌クリーム

| 材料 | 1人分 |

スパゲッティ……80g
生サケ（切り身）……1切れ
キャベツ（ざく切り）……1/8玉分
粉チーズ……小さじ1
黒こしょう……適量
A | 白だし……大さじ1
オリーブオイル……大さじ2
味噌……大さじ1
牛乳……100ml

MEMO
北海道の郷土料理「ちゃんちゃん焼き」を
パスタに落とし込みました。ほのかに甘
みのあるしょっぱさが、温かい家庭のよ
うな味わいです。

| 作り方 |

1 スパゲッティをゆでる

鍋に湯を沸かし、スパゲッティを袋の表記よ
り2分短くゆでる。

2 材料を合わせて煮る

フライパンに**1**とサケ、キャベツ、**A**の材料を
すべて入れ、弱めの中火にかける。煮立って
から1分ほどしたらサケをくずしながら混
ぜ、さらに1〜2分ほど煮詰める。

3 仕上げる

皿に盛り、粉チーズと黒こしょうをふる。

プチプチ食感が

たまらない。

ホタテの明太子クリーム

材料 1人分

スパゲッティ……80g

辛子明太子……1腹

ホタテ貝柱（刺身用／オリーブオイル
　小さじ1と塩1つまみであえる）
　……4個

黒こしょう……適量

A ｜ 白だし……大さじ1
　　　オリーブオイル……大さじ2
　　　牛乳……100㎖

MEMO

生のホタテと明太子のマリアージュでぜ
いたく感があります。明太子にはあまり
火を通さず、つぶつぶ感のある状態で食
べるのが好きです。

作り方

1 スパゲッティをゆでる

鍋に湯を沸かし、スパゲッティを袋の表記よ
り2分短くゆでる。

2 材料を合わせて煮る

フライパンに**1**と**A**の材料をすべて入れ、弱
めの中火にかける。煮立ったら、ときどき混
ぜながら2～3分ほど煮詰める。

3 仕上げる

火を止めて1分ほど冷ましたら、明太子を加
えてほぐし混ぜる。皿に盛り、ホタテをのせ、
黒こしょうをふる。

白菜ある限り

リピート必至。

クリーム

WEEKDAYS
18
白菜と塩昆布のチーズパスタ

材料	1人分

スパゲッティ──80g

白菜(ざく切り)　2枚分

塩昆布──2つまみ

A 白だし──大さじ2
オリーブオイル──大さじ2
シュレッドチーズ──大さじ2
牛乳──100㎖

MEMO ──

白菜の甘みと塩昆布の旨み、そこにからむチーズがたまりません。給料日前でもおいしいものが食べたい、そんなときに家庭の味方になるレシピです。

作り方

1　スパゲッティをゆでる

鍋に湯を沸かし、スパゲッティを袋の表記より2分短くゆでる。

2　材料を合わせて煮る

フライパンに**1**と白菜、塩昆布、**A**の材料をすべて入れ、弱めの中火にかける。煮立ったら、チーズが固まらないよう、よく混ぜながら2～3分ほど煮詰める。

平日でもいいじゃない。

自分へのごほうび。

その他

WEEKDAYS

19

カニとレタスのバターオイル

材料	1人分

スパゲッティ——80g

カニ缶——1個（55g）

レタス（食べやすい大きさにちぎる）
——1/4玉分

黒こしょう——適量

A ┃ 白だし——大さじ1
　　┃ オリーブオイル——大さじ2
　　┃ バター——15g
　　┃ ゆで汁——100㎖

カニ缶は、だしがソースのキモになるので、身だけでなく汁ごと入れて使う。

作り方

1 スパゲッティをゆでる

鍋に湯を沸かし、スパゲッティを袋の表記より2分短くゆでる。

2 材料を合わせて煮る

フライパンに**1**とカニ缶（汁ごと）、レタス、**A**の材料をすべて入れ、弱めの中火にかける。煮立ったら、ときどき混ぜながら2〜3分ほど煮詰める。

3 仕上げる

皿に盛り、黒こしょうをふる。お好みでバター（分量外）をのせる。

MEMO ——

いつもならツナ缶のところ、スーパーで買えるカニ缶でたまにはぜいたくしましょう。

自宅でこんなん作れるの⁉

その他

WEEKDAYS

20

生ハムとカリフラワーのハニーマスタード

材料 1人分

スパゲッティ——80g

カリフラワー（小房に分ける）
——¼株分

生ハム——2～3枚

パセリ（乾燥）——2～3ふり

黒こしょう——適量

A 白だし——大さじ1
オリーブオイル——大さじ2
マヨネーズ——小さじ1
マスタード——小さじ1
はちみつ——小さじ1
ゆで汁——100㎖

カリフラワーは包丁で食べ
やすい大きさに切ってから
ゆでる。

作り方

1 スパゲッティとカリフラワーをゆでる

鍋に湯を沸かし、スパゲッティとカリフラワー
をスパゲッティの袋の表記の2分短くゆでる。

2 材料を合わせて煮る

フライパンに**1**と**A**の材料をすべて入れ、弱
めの中火にかける。煮立ったら、ときどき混
ぜながら2～3分ほど煮詰める。

3 仕上げる

皿に盛り、生ハムをのせて黒こしょうとパセ
リをふる。

MEMO

カリフラワーはパスタに使うイメージがないかもしれ
ませんが、香りがハニーマスタードのパスタにぴった
りマッチします。

TOP
6

オイル

WEEKDAYS
21
ツナとトマト、大葉のオイルソース

材料 1人分

スパゲッティ ⸺ 80g
ツナ缶(オイル漬け)⸺ 1個(70g)
ミニトマト(半分に切る)⸺ 4個分
大葉(千切り)⸺ 2〜3枚分
A | 白だし ⸺ 大さじ2
| オリーブオイル ⸺ 大さじ2
| おろしにんにく(チューブ)⸺ 小さじ½
| ゆで汁 ⸺ 100㎖

作り方

1 スパゲッティをゆでる

鍋に湯を沸かし、スパゲッティを袋の表記より2分短くゆでる。

2 材料を合わせて煮る

フライパンに**1**とツナ(汁ごと)、ミニトマト、**A**の材料をすべて入れ、弱めの中火にかける。煮立ったら、ときどき混ぜながら2〜3分ほど煮詰める。

3 仕上げる

皿に盛り、大葉をのせる。

MEMO ⸺

味よし、映えよし、ラクでよし。トマトの旨み、大葉の爽やかさが広がります。定番の「アーリオオーリオ」が簡単に仕上がるレシピ。写真は1人分を2皿に分けています。

疲れた体に 染み入ります。

PART 3
休日パスタ

せっかくの休みに作るなら
ちょっとリッチな食材を使って
じっくり食事を味わいたいもの。
食材はぜいたくになってももちろん、
時間は変わらず、ほぼ10分。
ちょっと凝ったパスタも楽しみたい
という玄人向けのレシピや
変化球もいろいろご用意しました。
試してみたら、きっとやみつき！

DAY OFF

01

牛肉とマッシュルームのクリームソース

材料　1人分

スパゲッティ──80g
牛こま切れ肉──50g
マッシュルーム(つぶしてほぐす)──4個分
白こしょう──適量
A　白だし──大さじ2
　　　オリーブオイル──大さじ2
　　　白こしょう(粗びき)──2ふり
　　　牛乳──100㎖

作り方

1　スパゲッティをゆでる

鍋に湯を沸かし、スパゲッティを袋の表記より2分短く
ゆでる。

2　材料を合わせて煮る

フライパンに**1**と牛こま切れ肉、マッシュルーム、**A**の材
料をすべて入れ、弱めの中火にかける。煮立ったら、とき
どき混ぜながら2〜3分ほど煮詰める。

3　仕上げる

皿に盛り、白こしょうをふる。

MEMO

簡単なのにお店のような味になるので、ぜひ白こしょう(あれば粗
びき)で作ってください。ボクが小学生の頃から大好きなフィリピ
ンのレストランの味を再現した、おすすめ最上位のレシピです。

きのこ香る牛肉のクリーム煮◎

DAY OFF
02
カキのトマトソース

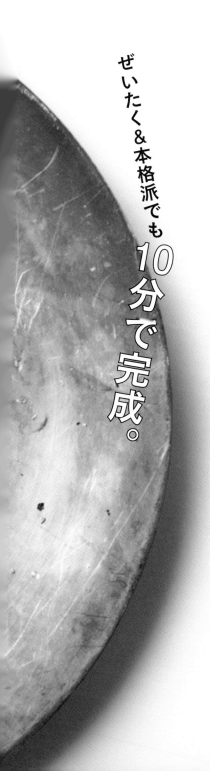

ぜいたく＆本格派でも**10分で完成。**

| 材料 | 1人分 |

スパゲッティ……80g
カキ（加熱用）……4〜5個
カットトマト缶……200g
バジル（ちぎる）……1〜2枚分
黒こしょう……適量
A 白だし……大さじ1
オリーブオイル……大さじ3
おろしにんにく（チューブ）……小さじ1
ゆで汁……100㎖

| 作り方 |

1 スパゲッティをゆでる

鍋に湯を沸かし、スパゲッティを袋の表記より2分短くゆでる。

2 材料を合わせて煮る

フライパンに**1**とカキ、カットトマト、**A**の材料をすべて入れ、弱めの中火にかける。煮立ったら、ときどき混ぜながら2〜3分ほど煮詰める。

3 仕上げる

皿に盛り、バジルをのせて黒こしょうをふる。

MEMO
カキの旨みを引き立てることを目指してトマト缶を使ってみました。本格派ですが、作り方は変わらずほぼ10分でできあがり。ぜいたくしたい日にぜひ！

カキは水を張ったボウルの中で、ふり洗い（ゆすりながら洗う）する。

10分の手間が、至福につながる。

トマト

DAY OFF
03
10分でできるアメリケーヌソース

材料 1人分

/パゲッティ——80g

赤エビ（刺身用）頭と殻をとり、
　身には塩1つまみ（分量外）を
　ふって分けておく）——2尾

黒こしょう——適量

バジル——1～2枚

オリーブオイル——大さじ2

A ┃ 白だし——大さじ1
　┃ トマトケチャップ——大さじ1
　┃ おろしにんにく（チューブ）
　┃ 　——小さじ1
　┃ 生クリーム——100㎖

MEMO

手間をいとわないほどにおいしくできます。スパゲッティをゆでるのとソース作りを同時進行してギリギリ10分ほどですが、時間があるならソースを作ってからスパゲッティをゆでれば、落ち着いて作業できます。

作り方

1　スパゲッティをゆでる

鍋に湯を沸かし、スパゲッティを袋の表記より2分短くゆでる。

2　材料を合わせて煮る

フライパンにオリーブオイルを入れて中火にかけ、赤エビの頭と殻を入れて1～2分ほど炒めたら**A**の材料をすべて加える**ⓐ**。煮立ったら弱めの中火にし、さらに2分ほど煮詰めてソースをざるでこす。

3　仕上げる

2のフライパンにソースを戻し、**1**と混ぜ合わせる。皿に盛り、赤エビの身とバジルをのせて黒こしょうをふる。

甘じょっぱ系の 推しレシピ。◎

その他

DAY OFF

04

生ホタテと焼き芋ピューレ

材料 1人分

スパゲッティ——80g

ホタテ貝柱(刺身用／

塩1つまみをふる)——4個

焼き芋(仕上げ用)——適量

A 白だし——大さじ1

オリーブオイル——大さじ2

牛乳——100〜150㎖

焼き芋(粗くつぶす)——⅓本分

ブレンダーがない場合、なめらかさはなくなるが焼き芋をフォークなどでつぶすだけでもOK。

作り方

1 スパゲッティをゆでる

鍋に湯を沸かし、スパゲッティを袋の表記より2分短くゆでる。

2 材料を合わせて煮る

Aの材料をすべてハンドブレンダーなどで攪拌して**ⓐ**フライパンに入れ、**1**を加えて弱めの中火にかける。煮立ったら、ときどき混ぜながら2〜3分ほど煮詰める。

3 仕上げる

皿に盛り、ホタテ貝柱と仕上げ用の焼き芋をのせる。

MEMO

スーパーでよく売られている焼き芋を見て考案したレシピ。人に作ってあげると驚かれつつも、おいしさに感動してもらえます。

韓国で流行したパスタをアレンジ。

その他

DAY OFF

05

サーモンユッケのロゼパスタ

材料　1人分

スパゲッティ──80g

サーモン(刺身用/オリーブオイル、
しょうゆ各小さじ1、
コチュジャン小さじ½とあえる**ⓐ**)
──5～6切れ

黒こしょう──適量

A | 白だし──大さじ1
オリーブオイル──大さじ2
トマトケチャップ──大さじ1
コチュジャン──大さじ1
牛乳──100㎖

作り方

1　スパゲッティをゆでる

鍋に湯を沸かし、スパゲッティを袋の表記より2分短くゆでる。

2　材料を合わせて煮る

フライパンに**1**と**A**の材料をすべて入れ、弱めの中火にかける。煮立ったら、ときどき混ぜながら2～3分ほど煮詰める。

3　仕上げる

皿に盛り、サーモンをのせて黒こしょうをふる。

MEMO

手間がかかっているように見えて簡単にできる魔法のパスタです。コチュジャンを使ったトマトクリームは、韓国料理の風味を感じられます。

シーザーサラダ、パスタにしちゃいます。

クリーム

DAY OFF

06

ベーコンとレタスのしょうがクリーム

材料 1人分

スパゲッティ……80g
ベーコン（一口大に切る）……50g
レタス（食べやすい大きさにちぎる）
　　……3～4枚分
クルトン……5～6個
黒こしょう……適量
A ｜ 白だし……大さじ2
　　｜ オリーブオイル……大さじ2
　　｜ おろししょうが（チューブ）
　　｜　　……小さじ1
　　｜ 牛乳……100㎖

クルトンはスーパー
で手に入るほか、余
った食パンを角切り
にして油で炒めて作
ることもできる。

作り方

1　スパゲッティをゆでる

鍋に湯を沸かし、スパゲッティを袋の表記より2分短くゆでる。

2　材料を合わせて煮る

フライパンに**1**とベーコン、**A**の材料をすべて入れ、弱めの中火にかける。煮立ったら、ときどき混ぜながら2～3分ほど煮詰める。火を止めてレタスを加え、軽く混ぜ合わせる。

3　仕上げる

皿に盛り、クルトンをのせて黒こしょうをふる。

MEMO

パスタにカリカリなものを合わせるの、おいしいですよね。ここではクルトンをのせて食感にアクセントを加えました。

おつまみになる　和風パスタ。

その他

DAY OFF

07

つぶ貝のバターじょうゆ

材料 1人分

スパゲッティ──80g
つぶ貝(刺身用)──3〜4枚
黒こしょう──適量
A ┌ 白だし──大さじ1
　　│ オリーブオイル──大さじ2
　　│ しょうゆ──大さじ1
　　│ バター──15g
　　└ ゆで汁──100㎖

コリコリ食感がおいしいつぶ貝。新鮮な刺身用を見かけたら作ってみて。

作り方

1　スパゲッティをゆでる

鍋に湯を沸かし、スパゲッティを袋の表記より2分短くゆでる。

2　材料を合わせて煮る

フライパンに**1**と**A**の材料をすべて入れ、弱めの中火にかける。煮立ったら、ときどき混ぜながら2〜3分ほど煮詰める。

3　仕上げる

皿に盛り、つぶ貝と黒こしょうをふる。好みでバター、しょうゆ各少々(分量外)をかける。

MEMO ──

昼から日本酒を合わせたくなるような、おつまみになるパスタです。白ワインならシャルドネでしょうか。写真は1人前を2皿に分けています。

春よ、来い。

トマト

DAY OFF

08

桜エビと旬のトマトソース

| 材料 | 1人分 |

スパゲッティ……80g

桜エビ（生または釜ゆで）……40g

筍の穂先（水煮）……3〜4切れ

バジル（ちぎる）……1〜2枚分

A 白だし……大さじ1
　　オリーブオイル……大さじ2
　　トマトケチャップ……大さじ1
　　おろしにんにく（チューブ）
　　　……小さじ1
　　ゆで汁……100㎖

MEMO

桜エビも筍も手に入りやすく通年楽しめる食材ですが、あえて春に食べてほしいメニュー。旬のおいしさと季節感を味わってください。写真は1人前を2皿に分けています。

| 作り方 |

1　スパゲッティをゆでる

鍋に湯を沸かし、スパゲッティを袋の表記より2分短くゆでる。

2　材料を合わせて煮る

フライパンに1と桜エビ、筍の穂先、**A**の材料をすべて入れ、弱めの中火にかける。煮立ったら、ときどき混ぜながら2〜3分ほど煮詰める。

3　仕上げる

皿に盛り、バジルをのせる。

オイル

DAY OFF

09

エビとトマトのアーリオオーリオ

TOP
5

材料 1人分

スパゲッティ──80g

むきエビ──5〜6尾

ミニトマト（半分に切る）──4個

ディル──適量

黒こしょう──適量

A | 白だし──大さじ2
オリーブオイル──大さじ2
おろしにんにく（チューブ）
──小さじ1
ゆで汁──100㎖

MEMO

見た目も映え、安定のおいしさです。そのうえ、作りやすい。ぜひ、マスターしてください。

作り方

1 スパゲッティをゆでる

鍋に湯を沸かし、スパゲッティを袋の表記より2分短くゆでる。

2 材料を合わせて煮る

フライパンに**1**とむきエビ、ミニトマト、**A**の材料をすべて入れ、弱めの中火にかける。煮立ったら、ときどき混ぜながら2〜3分ほど煮詰める。

3 仕上げる

皿に盛り、ディルをのせて黒こしょうをふる。

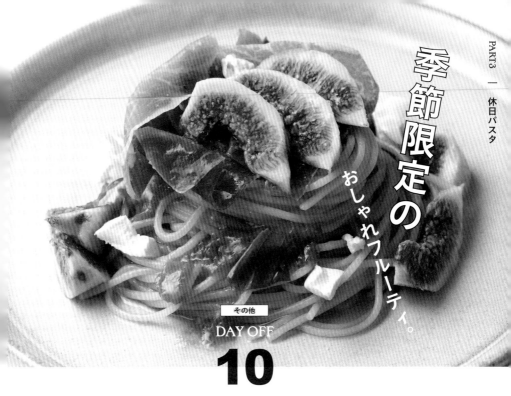

季節限定のおしゃれフルーティ。

その他
DAY OFF

10

生ハムと梅、イチジクの和風オイル

材料　1人分

スパゲッティ ⸺ 80g
はちみつ梅干し（種をとる）⸺ 2粒
イチジク（8等分に切る）⸺ 1個分
生ハム ⸺ 2〜3枚
クリームチーズ（ちぎる）⸺ 適量
バジル（ちぎる）⸺ 1〜2枚分

A ｜ 白だし ⸺ 大さじ1
　　｜ オリーブオイル ⸺ 大さじ2
　　｜ ゆで汁 ⸺ 100㎖

イチジクは、8等分にしてから皮をむくと切りやすい。

作り方

1　スパゲッティをゆでる

鍋に湯を沸かし、スパゲッティを袋の表記より2分短くゆでる。

2　材料を合わせて煮る

フライパンに**1**と梅干し、**A**の材料をすべて入れ、弱めの中火にかける。煮立ったら、ときどき混ぜながら梅干しをつぶし、2〜3分ほど煮詰める。

3　仕上げる

皿に盛り、生ハム、イチジク、クリームチーズ、バジルをのせる。

MEMO ⸺
秋になると食べたくなるイチジクを使ったパスタ。実は、甘いはちみつ梅干しとの相性が抜群なんです。

DAY OFF
11
牛肉のパセリバター

材料	1人分

スパゲッティ……80g
牛こま切れ肉……50g
黒こしょう……適量

A 白だし……大さじ2
オリーブオイル……大さじ2
バター……15g
パセリ(乾燥)……大さじ1
ゆで汁……100㎖

バターの香りが牛肉とマッチ。

作り方

1 スパゲッティをゆでる

鍋に湯を沸かし、スパゲッティを袋の表記より2分短くゆでる。

2 材料を合わせて煮る

フライパンに**1**と牛こま切れ肉、**A**の材料をすべて入れ、弱めの中火にかける。煮立ったら、ときどき混ぜながら2〜3分ほど煮詰める。

3 仕上げる

火を止めて1分ほど冷ましたら、皿に盛って黒こしょうをふる。好みでバターとパセリ各適量(分量外)をかける。

MEMO ———
フレンチで使われるエスカルゴバターをイタリアンに落とし込んだ一品。バターの香りが牛肉とマッチしてなんともぜいたく。

休日シチュエーション別レシピ

休日は誰とどう過ごす?
食べるシーンからイメージしたおもてなしレシピをご紹介。

for me

がんばった自分へのごほうびに

幸せ感じる **カロリー爆弾。**

クリーム

DAY OFF

12

サラミと3種の
チーズパスタ

Recipe _ p.130

あらかじめお伝えしておくと、だいぶボディのしっかりした味わいです。休日のチートデイにはうってつけ。ワインが進みます。

with *partner*

誰かのために作る幸せ

濃厚なカルボナーラなの
に、レモンのおかげであっ
さり食べられます。休日ら
しく見た目も華やかに仕上
げたら、きっと喜んでもら
えるはず。

カルボナーラ

DAY OFF

13

生ハムとアスパラの
レモンカルボナーラ

Recipe _ p.130

初夏の訪れを 感じて。

with *family*

みんなで食べるとさらにおいしい

その他

DAY OFF

14

なすとひき肉の
味噌ペペロンチーノ

Recipe _ p.131

とろとろのなすがポイントの定番パスタ。いわゆる麻婆なすの味で、がっつり食べたい育ち盛りから年配の方までみんなに喜んでもらえます。

育ち盛りも大喜び。

with *friends*

気軽にシェアして食べるなら

和の食材で

プロ顔負け。

その他

DAY OFF

15

大葉の
和風ジェノヴェーゼ

Recipe _ p.131

ワイワイ飲みながら、しゃべりながらで
も作れて本格的。そして冷めてもおいし
い。ホームパーティのメニューにぴった
りな一皿です。

サラミと3種のチーズパスタ

材料 1人分

スパゲッティ──80g
サラミソーセージ(スライス)
　　──5～6枚
クリームチーズ──15g
モッツァレラチーズ──½個
粉チーズ──大さじ1
黒こしょう──適量
A │ 白だし──大さじ2
　　│ オリーブオイル──大さじ2
　　│ 牛乳──100ml

作り方

1　スパゲッティをゆでる

鍋に湯を沸かし、スパゲッティを袋の表記より2分短くゆでる。

2　材料を合わせて煮る

フライパンに**1**とサラミ、クリームチーズ、モッツァレラチーズ、**A**の材料をすべて入れ、弱めの中火にかける。煮立ったら、ときどき混ぜながら2～3分ほど煮詰める。

3　仕上げる

皿に盛り、粉チーズと黒こしょうをふる。

生ハムとアスパラの
レモンカルボナーラ

材料 1人分

スパゲッティ──80g
アスパラガス(一口大に切る)──4本
生ハム──3～4枚
卵──1個
粉チーズ──大さじ2
レモン汁──小さじ1
黒こしょう──適量
あればレモン(輪切り)──適量
A │ 白だし──大さじ1
　　│ オリーブオイル──大さじ2
　　│ 牛乳──100ml

作り方

1　スパゲッティをゆでる

鍋に湯を沸かし、スパゲッティを袋の表記より2分短くゆでる。

2　材料を合わせて煮る

フライパンに**1**とアスパラガス、**A**の材料をすべて入れ、弱めの中火にかける。煮立ったら、ときどき混ぜながら2～3分ほど煮詰める。

3　仕上げる

火を止めて1分ほど冷ましたら、卵と粉チーズ、レモン汁を加えてよく混ぜる(ソースがさらさらしすぎている場合は、弱火でさらに1分ほど加熱しながら混ぜる)。皿に盛り、生ハムをのせて黒こしょうと好みで粉チーズ(分量外)をふる。あればレモンをのせる。

なすとひき肉の味噌ペペロンチーノ

材料 1人分

スパゲッティ──80g
なす(一口大に切る)──1本
合いびき肉──50g
ディル──適量
粉チーズ──適量
A 白だし──大さじ1
オリーブオイル──大さじ2
味噌──大さじ1
にんにくチューブ──小さじ1
赤唐辛子(輪切り)──1本分
ゆで汁──100㎖

作り方

1 スパゲッティをゆでる

鍋に湯を沸かし、スパゲッティを袋の表記より2分短くゆでる。

2 材料を合わせて煮る

フライパンに**1**と合いびき肉、なす、**A**の材料をすべて入れ、弱めの中火にかける。煮立ったら、ときどき混ぜながら2〜3分ほど煮詰める。

3 仕上げる

皿に盛り、ディルをのせて粉チーズをふる。

大葉の和風ジェノヴェーゼ

材料 1人分

スパゲッティ──80g
A **大葉**──10〜15枚
味噌──大さじ1
白すりごま──大さじ1
水──100㎖
黒こしょう──適量
粉チーズ──適量
B 白だし──大さじ1
オリーブオイル──大さじ3

2人分・4人分の作り方

2人分を一度に作る場合、牛乳やゆで汁、水を150㎖にし、塩気のある調味料は1.5倍、その他の材料を2倍量にする。4人分を作るときは2人分を2回に分ける。

作り方

1 スパゲッティをゆでる

鍋に湯を沸かし、スパゲッティを袋の表記より2分短くゆでる。

2 材料を合わせて煮る

Aの材料をすべてハンドブレンダーなどで攪拌する。ソース状になったらフライパンに入れ、**1**と**B**の材料をすべて加えて弱めの中火にかける。煮立ったら、ときどき混ぜながら2〜3分ほど煮詰める。

3 仕上げる

皿に盛り、好みで粉チーズと黒こしょう各適量(分量外)をふる。

クリーム

DAY OFF

16
ベーコンのポルチーニクリーム

材料　1人分

スパゲッティ……80g
ベーコン（一口大に切る）……50g
ポルチーニ（乾燥／耐熱容器に入れ、
　　スパゲッティをゆでる湯から
　　50㎖ほどとって浸す）……8〜10g
黒こしょう……適量
A｜白だし……大さじ2
　　｜オリーブオイル……大さじ2
　　｜牛乳……100㎖

ポルチーニは、熱湯
に浸すことで時短に
なる。

作り方

1　スパゲッティをゆでる

鍋に湯を沸かし、スパゲッティを袋の表記より2分短くゆでる。

2　材料を合わせて煮る

フライパンに**1**とベーコン、戻したポルチーニ（戻し汁ごと）、**A**の材料をすべて入れ、弱めの中火にかける。煮立ったら、ときどき混ぜながら2〜3分ほど煮詰める。

3　仕上げる

皿に盛り、黒こしょうをふる。

MEMO
乾燥ポルチーニはお値段が張りますが、ぜいたくしたいときにぜひお試しください。

名前だけで**食欲わきます。**

その他

DAY OFF

17

明太とろろスープパスタ

材料 1人分

スパゲッティ ⋯⋯80g
辛子明太子 ⋯⋯ $\frac{1}{2}$ 〜1腹
長芋(すりおろす) ⋯⋯50g
黒こしょう ⋯⋯ 適量
A | 白だし ⋯⋯ 大さじ2
オリーブオイル ⋯⋯ 大さじ2
ゆで汁 ⋯⋯ 150ml

MEMO
だしがきいた、明太子味のとろろパスタ
ですが和風になりすぎず、シャレたカフ
ェ風の味わいに。

作り方

1 スパゲッティをゆでる

鍋に湯を沸かし、スパゲッティを袋の表記よ
り2分短くゆでる。

2 材料を合わせて煮る

フライパンに**1**と**A**の材料をすべて入れ、弱
めの中火にかける。煮立ったら、ときどき混
ぜながら2〜3分ほど煮詰める。

3 仕上げる

火を止めて1分ほど冷ましたら、明太子を加
えてほぐし混ぜる。皿に盛り、長芋を縁にま
わし入れ、黒こしょうをふる。

ザ・呑兵衛パスタ。

塩辛とゆずのオイルパスタ

材料　1人分

スパゲッティ──80g

イカの塩辛──大さじ2

ゆずの皮（乾燥／手でちぎる）
　──1つまみ

大葉（千切り）──2〜3枚分

A ┃ 白だし──大さじ1
　　┃ オリーブオイル──大さじ2
　　┃ ゆずこしょう──小さじ1/2
　　┃ ゆで汁──100㎖

ゆずの皮は、皮だけ
を乾燥させたものが
市販されている。生
のゆずを使う場合は
皮の黄色い部分だけ
を薄くむいて使う。

作り方

1　スパゲッティをゆでる

鍋に湯を沸かし、スパゲッティを袋の表記より2分短くゆでる。

2　材料を合わせて煮る

フライパンに1とAの材料をすべて入れ、弱めの中火にかける。煮立ったら、ときどき混ぜながら2〜3分ほど煮詰める。

3　仕上げる

火を止めて1分ほど冷ましてから、イカの塩辛を加えてよく混ぜる。皿に盛り、ゆずの皮と大葉を散らす。

MEMO

休日ビールで勝ち確です。ゆずや大葉などで塩辛の臭みを抑えているので、旨みだけを感じて食べていただけると思います。

きのこの香りで

高まります。

その他

DAY OFF

19

3種のきのこのペペロンチーノ

材料 1人分

スパゲッティ──80g

エリンギ(食べやすい大きさに
切る)──1個分

しめじ(ほぐす) 50g

マッシュルーム(つぶしてほぐす)
──4個分

パセリ(乾燥)──1つまみ

黒こしょう──適量

A │ 白だし──大さじ1
　　│ めんつゆ(ストレート)──大さじ1
　　│ オリーブオイル──大さじ2
　　│ おろしにんにく(チューブ)
　　│ ──小さじ1
　　│ 赤唐辛子(輪切り)──1本分
　　│ ゆで汁──100mℓ

作り方

1 スパゲッティをゆでる

鍋に湯を沸かし、スパゲッティを袋の表記より2分短くゆでる。

2 材料を合わせて煮る

フライパンに1とエリンギ、しめじ、マッシュルーム、**A**の材料をすべて入れ、弱めの中火にかける。煮立ったら、ときどき混ぜながら2～3分ほど煮詰める。

3 仕上げる

皿に盛り、パセリと黒こしょうをふる。

MEMO

3種のきのこの複雑な香りが溶け出たペペロンチーノソースがパスタにからんでたまりません。

一風変わった
エスニック。

クリーム

DAY OFF

20

ラム肉とパプリカのグリーンカレー風

材料 | 1人分

スパゲッティ──80g
ラムロース肉(薄切り)──50g
パプリカ赤・黄(5㎜幅にスライス)
　──各 $\frac{1}{4}$ 個分
パクチーの葉──適量
A ┃ 白だし──大さじ2
　　┃ オリーブオイル──大さじ2
　　┃ ゆずこしょう──小さじ1
　　┃ クミンパウダー──1～2ふり
　　┃ ココナッツミルク──100㎖

MEMO

簡単にエスニックが食べたいときやパスタのマンネリ防止としてご用意しました。パスタって何を入れてもおいしいことが、わかっていただけるかと！

作り方

1 スパゲッティをゆでる

鍋に湯を沸かし、スパゲッティを袋の表記より2分短くゆでる。

2 材料を合わせて煮る

フライパンに**1**とラムロース肉、パプリカ、**A**の材料をすべて入れ、弱めの中火にかける。煮立ったら、ときどき混ぜながら3～4分ほど煮詰める。

3 仕上げる

皿に盛り、パクチーの葉をのせる。

スパイスカレーで使うココナッツミルクやクミンがあったらぜひ試して。

DAY OFF
21
こしょうたっぷりボンゴレビアンコ

材料　1人分

スパゲッティ ─ 80g
アサリ（砂抜き済み）─ 6〜7個
イタリアンパセリの葉
　　─ 1〜2本分
A｜白だし ─ 大さじ1
　｜オリーブオイル ─ 大さじ2
　｜おろしにんにく（チューブ）
　｜　─ 小さじ1
　｜黒こしょう ─ 小さじ1
　｜ゆで汁 ─ 100㎖

作り方

1　スパゲッティをゆでる

鍋に湯を沸かし、スパゲッティを袋の表記より2分短くゆでる。

2　材料を合わせて煮る

フライパンに**1**とアサリ、**A**の材料をすべて入れ、弱めの中火にかける。煮立ったら、ときどき混ぜながら2〜3分ほど煮詰める。

3　仕上げる

皿に盛り、イタリアンパセリをのせる。好みで黒こしょう（分量外）をふる。

MEMO
イタリアンの「インペパータ」という黒こしょう蒸しのパスタアレンジです。パンチのある味わいで、アサリの旨みが体に染みます。

アサリは砂抜き済み
の表示があるものを
選ぶと便利。むき身
でも作れる。

アサリが
染みるぅ。

「野菜をたっぷり食べたい」というときは、パスタと一緒にサラダを。手作りのドレッシングならグリーンサラダもごちそうになります。

サラダドレッシング

味噌クリームドレッシング

材料　作りやすい分量

味噌……大さじ1
オリーブオイル……大さじ1
生クリーム……大さじ4
おろしにんにく（チューブ）……小さじ½

作り方

すべての材料をよく混ぜ合わせる。

MEMO
味噌と生クリームを使った濃厚な味わい。ベーコンやクルトンと合わせ、シーザーサラダ風にしてもおいしい。

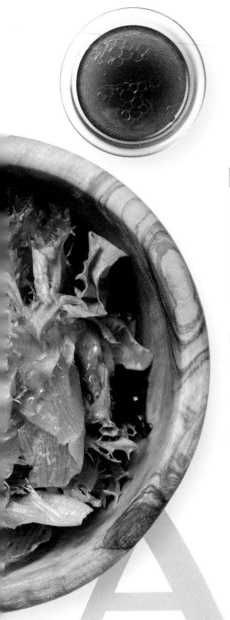

しょうがの和風ドレッシング

材料 作りやすい分量

白だし――小さじ1
オリーブオイル――大さじ2
ポン酢しょうゆ――大さじ1
米酢――大さじ1
おろししょうが（チューブ）――小さじ1
水――大さじ2

作り方

すべての材料をよく混ぜ合わせる。

MEMO

しょうががきいてあっさりいただける和風ドレッシングはツナや海藻のサラダにぴったり。オリーブオイルをごま油に代えれば中華風に。

パスタ同様、スープも白だしを使えば、和風だけでなくどんなスープも長時間コトコト煮込んだような味わいが簡単に作れます。

スープ

卵スープ

材料 作りやすい分量

溶き卵……1個分
青ねぎ（小口切り）……2つまみ
A 白だし……大さじ2
めんつゆ（ストレート）
……大さじ2
砂糖……小さじ1
白こしょう……2〜3ふり
オリーブオイル……大さじ2
水……500㎖

作り方

1 鍋に**A**の材料をすべて入れて中火にかけ、煮立たせる。

2 火を止めてから、鍋の中身を混ぜながら溶き卵を加える。青ねぎを散らす。

MEMO
砂糖を隠し味に使ったやさしい味わい。溶き卵は、お玉などで鍋の中身をかき混ぜながらゆっくり注ぐときれいに仕上がります。

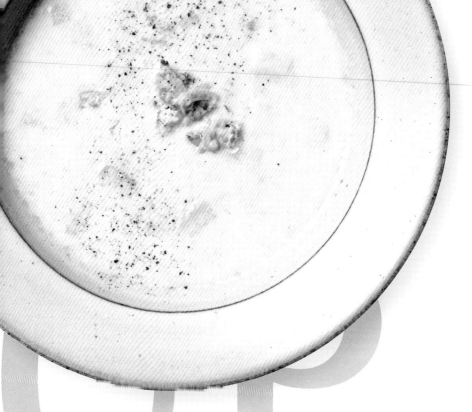

クラムチャウダー

| 材料 | 作りやすい分量 |

むきアサリ……60g
＊殻付きアサリの場合は8〜10個
牛乳……500㎖
黒こしょう……適量
A │ 白だし……大さじ3
　　│ オリーブオイル……大さじ2
　　│ 長ねぎ(小口切り)……1/3本分

| 作り方 |

1 鍋に牛乳を入れて中火にかけ、沸騰直前まで温める。

2 むきアサリと**A**の材料を加えて弱火にし、2〜3分ほど煮込む。

3 皿に盛り、黒こしょうをふる。

MEMO ──
アサリの旨みをまるごと味わえるスープ。殻付きで作るとより濃厚ですが、むき身でも十分。長ねぎの甘みもポイントです。

PastaWorks たかし

パスタ研究家、隠れ家レストランシェフ。国内外
で食の仕事に携わった経験をいかし、700以上の
パスタレシピを考案。「誰でも10分でパスタが作
れる」簡単レシピ動画をInstagramに投稿したと
ころ、大人気を博し、フォロワー数は23万人を
超える（2023年12月時点）。
Instagram @pastaworks_takashi

10分パスタ

2024年2月1日　初版発行
2024年7月20日　4版発行

著者　　　PastaWorks たかし
発行者　　山下 直久
発行　　　株式会社KADOKAWA
　　　　　〒102-8177　東京都千代田区富士見2-13-3
電話　　　0570-002-301（ナビダイヤル）
印刷所　　TOPPANクロレ株式会社
製本所　　TOPPANクロレ株式会社

●お問い合わせ
https://www.kadokawa.co.jp/（「お問い合わせ」へお進みください）
※内容によっては、お答えできない場合があります。
※サポートは日本国内のみとさせていただきます。
※Japanese text only

定価はカバーに表示してあります。

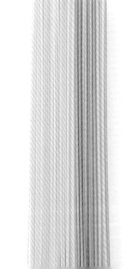